汉字解密

秋收

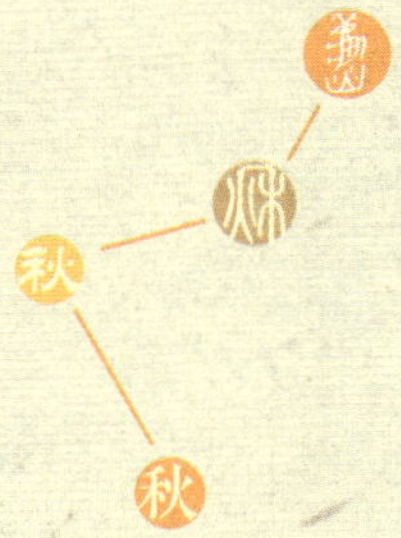

《汉字解密》栏目组◎编著

长江出版传媒 | 长江文艺出版社

图书在版编目（C I P）数据

汉字解密．秋收 / 《汉字解密》栏目组编著．-- 武汉 : 长江文艺出版社， 2020.1
ISBN 978-7-5702-1057-2

Ⅰ．①汉… Ⅱ．①汉… Ⅲ．①汉字－青少年读物 Ⅳ．①H12-49

中国版本图书馆 CIP 数据核字(2019)第 112451 号

责任编辑：钱梦洁　梅若冰　汤云松　　　责任校对：毛　娟
整体设计：一壹图书　　　责任印制：邱　莉　杨　帆

出版：长江出版传媒 | 长江文艺出版社
地址：武汉市雄楚大街 268 号　　邮编：430070
发行：长江文艺出版社
http://www.cjlap.com
印刷：湖北新华印务有限公司

开本：720 毫米×1020 毫米　1/16　印张：9.75
版次：2020 年 1 月第 1 版　　2020 年 1 月第 1 次印刷

定价：30.00 元

序

得知《汉字解密》丛书的出版，我高兴且欣慰，也充满感慨。在我的童年里，一切都是匮乏的。在那个年代，对于男孩子来说，只有几种小游戏，以及母亲、外婆的陪伴，是温暖的。此外，我只能找到有限的书籍来丰富我的心灵。那时，没有淘宝，没有网上商城，没有电视节目和手机App。我如饥似渴地阅读我能找到的一切书籍。为了买书，9岁的我到江边码头拖板车，赚到的钱，还舍不得买一杯路边的凉茶，全部用来买书了。如今的孩子们已经坐拥书城，有时我想，如果我是现在的孩子，一切知识的获得都那么方便，我还会不会拥有对于书籍的热爱、对于文学的热爱，成为一个作家？

我也不知道答案是什么。一切都无法重来。然而肯定的是，我将有可能更早更多地阅读不同的书籍。如果儿时的我看到这套《汉字解密》，或许我将对中国文化、文学产生更为浓厚的兴趣和爱，或许我会成为一个研究中国文化的学者，或许我将更早地走上文学这条路。

因此，《汉字解密》丛书的出版在今天具有非凡的意义。或许，会有一对父母将它作为生日礼物送给孩子，由此，便在这个孩子的心灵里种下一颗文学的种子，成为未来的作家；或许，会有一个高中生将产生对中国文化的热爱，将高考志愿改为中文系，成为未来的教授和学者；或许，它会让更多的外国人爱上中国，爱上中文，中国由此将拥有更多的朋友，未来将更为辉煌。

是的，在今天，《汉字解密》丛书的出版是非常必要和及时的。它向人们重新展示汉字的美，揭开汉字产生和发展的秘密，讲述汉字里蕴藏的故事。更为重要的是，这套书的阅读是轻松而愉快的。它分为“春”“夏”“秋”“冬”四个主题，阅读起来趣味十足，就像童年时妈妈给你讲的睡前故事。每个汉字包括了从甲骨文、金文、小篆、隶书到楷书的形体演变过程，让读者了解现代字形的来历；详细分析了字的形体和字的意义的关系；以字为核心，串联了相关的文化知识，深入挖掘了汉字深厚的文化内涵。同时，还选取了与解读汉字关联性较强的诗词经典，通过分析该字在诗词中的意义，进而对整首诗词进行赏析。

这套丛书就像是江汉平原的稻田，平凡、质朴，又不可或缺，就像出生之后妈妈的乳汁，滋养着你，让你长大，收获爱与温暖，成为一个大写的有情怀的人。希望这套《汉字解密》丛书成为你最愉悦的陪伴。

是为序。

著名儿童文学作家　董宏猷

目录

qiū

秋

秋

『秋』的古文字字形里竟然有蟋蟀的形象！

造字故事 ZAOZIGUSHI

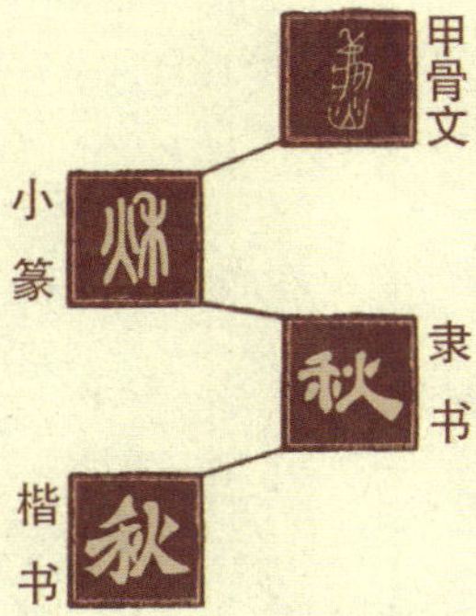

“秋”字的甲骨文有两种写法：第一种是一只长须长足的蟋蟀的象形；第二种是像一只蟋蟀躲在巢穴里，表示天气转凉，昆虫藏身。“秋”的本义是天气转凉、蟋蟀鸣叫的季节。

“秋”字的籀文误将

甲骨文字形中蟋蟀头部的触须写成“禾”，将蟋蟀身体触须以外的部分写作“龟”，将凹穴里蟋蟀尾部形象当作火盆，写成了“火”。以火烧禾，表示秋收完结后需要把田间无用的稻草焚烧掉，作为来年的肥料，该做法至今在中国的很多农村都有遗存。

秋 甲骨文1

秋 甲骨文2

“秋”字的小篆省去籀文字形中的“龟”，并将籀文上“禾”下“火”的上下结构调整成左右结构。“秋”字的隶书再次调整小篆的结构顺序，左边是“禾”，右边是“火”。楷书与隶书形体一样。

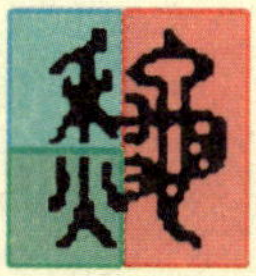

秋 籀文

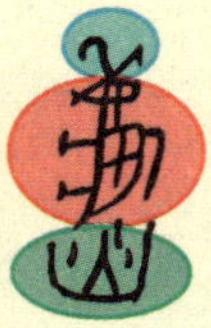

秋 甲骨文2

“春”“夏”“冬”三个字都跟“日”有关，为什么“秋”独独选择了“火”呢？火蕴含着“来自于土，复归于土”的含义。人们收获有用的粮食，而剩下的秸秆是无用的，大多数秸秆都被焚烧作为田地的灰肥，只有极少部分喂牲口、烧饭、沤肥。这正好和秋天肃杀的景象相合。

“春”与“秋”是相对的，春生秋收，“春”“秋”两字经常一起讲。春是草木发芽，秋是指的禾木收成。“秋”的本义是蟋蟀鸣叫的冷清时节。《诗经·卫风·氓》里面说“秋以为期”，意思就是以秋天作为婚期。

一年只有一个秋天，所以可以用“秋”来代指年，如“一日不见，如隔三秋”，“三秋”就是三年。由此引申，“秋”还有“时期”的含义。诸葛亮在《出师表》里面说：“此诚危急存亡之秋也。”这句话的意思是已经到了关乎生死存亡的时期了。

山居秋暝（节选）

唐·王维

空山新雨后，天气晚来秋。
明月松间照，清泉石上流。

赏析：这首诗将山中的黄昏描绘得令人迷恋，寄托了诗人高洁的情怀和对理想境界的追求。

【主讲人：刘宝俊 中南民族大学文学与新闻传播学院 教授】

冠

guàn

冠

比赛得了第一为什么称为『夺冠』？

造字故事

ZAOZIGUSHI

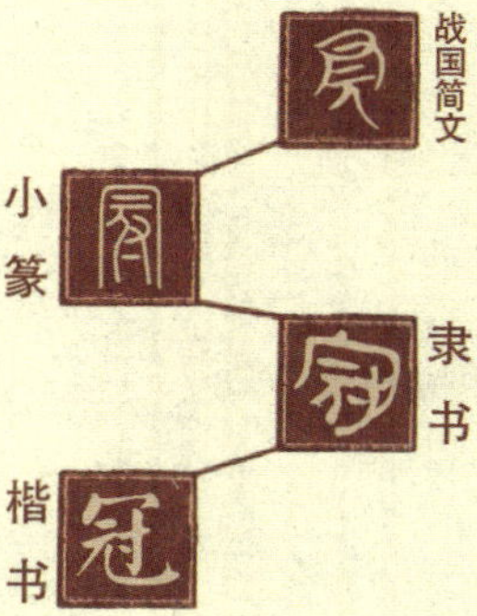

“冠”是表示头上的帽子。冠字最早出现在战国时期的古文字中。上面是像帽子的“冃”，它是“冒（帽）”的古字，形状就像一顶帽子。下面是表示人头部的“元”，是在一个侧立人形的上端加了两横标记头部所在的位置。“冃”跟“元”组合起来，会“头上的帽子”之意。

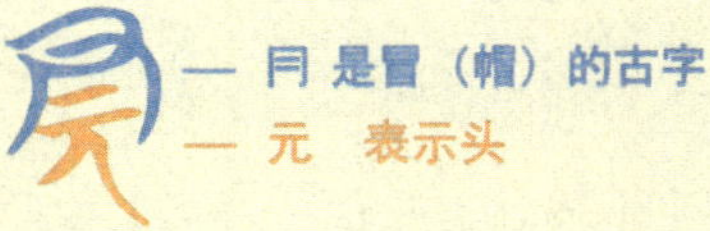

冠 战国简文

小篆的冠，将上面的“冃”改成了“冖”（mì），又在“元”的右边添加了一个“寸”。“冖”是覆盖的意思，“元”是指头部，“寸”是手的意思，合起来表现的是一只手把帽子戴在头上。之后的隶书、楷书都延续了这个结构，逐步演变为今天的字形。

文化故事
WENHUAGUSHI

冠是古代贵族头上戴的帽子，作用主要是把头发罩住，同时也是一种装饰。冠圈的两旁有绳子，叫做缨，用来在下巴下面打结，把冠固定在头上。戴冠之前要把头发盘在头上扎成发髻，再用一块黑色的布把发髻包住，然后戴冠。戴上冠后，还要用笄（jī），又叫簪，横穿过冠圈和发髻再加以固定。

因为冠是戴在头顶上的，因而引申出“居于前头、前端、前列”的动词意义，读作去声guàn。例如“冠首”就是位居于众人之上，“冠绝”就是遥居首位，“勇冠三军”就是勇猛得成为全军第一。在竞技比赛中，取得第一名的就叫“冠军”；次于冠军的叫“亚军”，“亚”有较差，次一等的意思；第三名则叫“季军”，“季”有排行或排位第三的意思。比赛获得冠军叫“夺冠”就是这么来的。

画鸡

明 · 唐寅

头上红冠不用裁，满身雪白走将来。
平生不敢轻言语，一叫千门万户开。

赏析：这是一首题画诗，描绘了雄鸡的优美高洁的形象，赞颂了它们轻易不鸣，鸣则动人的品格，含蓄表达出诗人渴望成为时代先驱的远大志向。

【主讲人：刘宝俊 中南民族大学文学与新闻传播学院 教授】

袖

古人的袖子大到可以当口袋用？

xiù

袖

造字故事 ZAOZIGUSHI

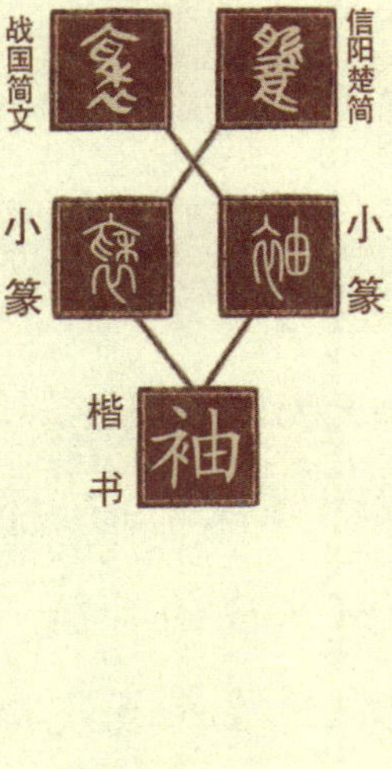

袖字见于战国时期的出土文献。云梦秦简的字形（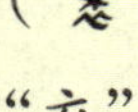），上部和下部是“衣”，中间是“釆（suì）”；信阳楚简的字形（），上方是“繇（yóu）”，下方是“衣”的下半部分。

小篆也有两种写法，

一种写法继承了云梦秦简“从衣、采声”的结构，楷书对应的就是“褎（xiù）”；还有一个俗体字形“袖”，是“从衣，从由”的形声字。《说文》说：“褎，袂（mèi）也。从衣、采声。袖，俗褎从由。”袂也是袖，本义都是指上衣从肩膀到手腕的部分。今天的袖就源于俗体字的“袖”字形。

文化故事 WENHUAGUSHI

古人把袖子做得又长又大，根据《礼记·深衣》记载，袖子的长度应是手臂长度的一点五倍。大袖子不光好看，还有一个很实用的好处——藏东西。古代有一种开本很小的书，叫“袖珍本”，因其可藏在袖中，便于隐藏和携带而得名。今天所谓“袖珍辞典”“袖珍收音机”的“袖珍”正源于此。除了藏书，古人在闲着没事或者寒冷的时候，喜欢把双手插在袖子中，就像现在人喜欢把

手揣在口袋里一样，这就叫“袖手”。“袖手旁观”就是把手揣起来，站在旁边看热闹，比喻置身事外、不帮别人。不过更稀奇的是把兵器藏在袖子里。《史记·信陵君列传》记载了一个故事：魏国公子信陵君想剥夺老将晋鄙的兵权，又怕晋鄙反抗，于是收买屠户朱亥为刺客，想刺杀晋鄙，朱亥“袖四十斤铁椎，椎杀晋鄙”，意思是在袖中藏了四十斤重的铁锤，把晋鄙给锤死了。由此可见古人的袖子有多么宽大。

逢入京使

唐·岑参

故园东望路漫漫，双袖龙钟泪不干。
马上相逢无纸笔，凭君传语报平安。

赏析：这首诗写诗人在西行途中，偶遇前往长安的东行使者，勾起了诗人无限的思乡情绪，也表达了诗人想为国家建功立业的豪迈胸襟。

【主讲人：刘宝俊 中南民族大学文学与新闻传播学院 教授】

绅

『绅士』的『绅』原本是古人的腰带。

shēn

造字故事 ZAOZIGUSHI

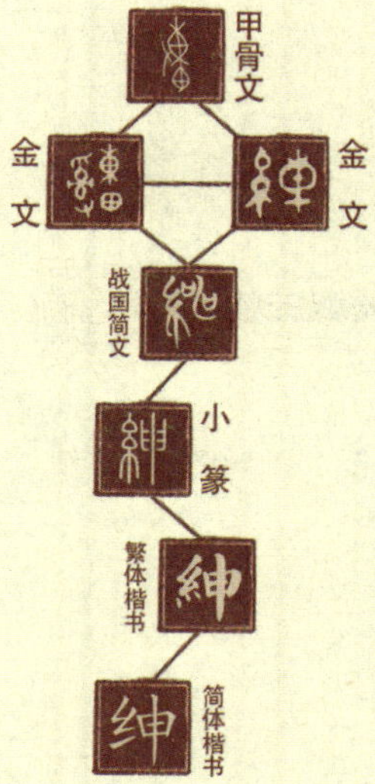

甲骨文的“绅”，右边上面是“东”，东有捆束的意思；下面是“田”，是声符；左边是“又”，也就是手。“绅”字整体表现的应该就是用手束腰带的意思。

金文的一种写法

（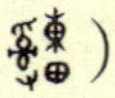），把甲骨文左边的“又”变成了“⿱爫⿴冂⿻十一”字，“⿱爫⿴冂⿻十一”中间是一束丝线，上下有两只手，整体是用两手缠线，右边跟甲骨文是一样的。另一种字形大大简化了（），左边是“糸（mì）”，表示丝带，右边是“东”，表示捆束。

绅：用手束腰带

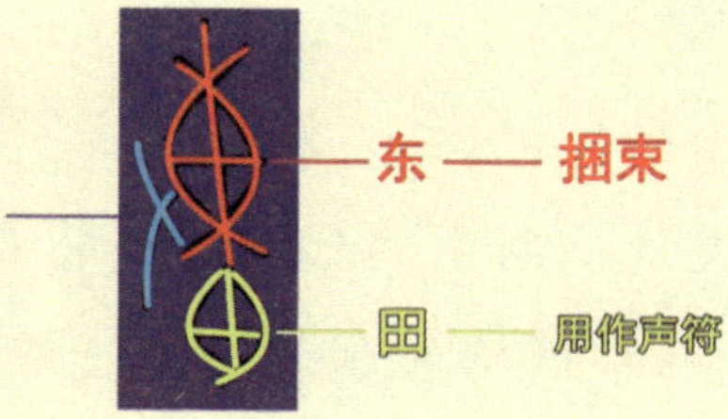

绅 甲骨文

战国简文也有很多不同的形体，其中一种左边仍然是“糸”，右边则完全颠覆了甲骨金文从东从田的写法，去掉了“东”，把“田”写成了“申”。之后的小篆、隶书、楷书，都继承了左糸右申的写法，于是就成了从糸申声的形声字“绅”。

《说文》说：“绅，大带也。”绅的本义其实就是古人的腰带。

文化故事 WENHUAGUSHI

古文中常用“缙绅”表示官员，“缙”是插的意思。“缙绅”就是把笏（hù）插在腰带里。笏又叫手板，是用玉、象牙或者竹片、木板制成的狭长形的板子，类似于竹简或者木牍，可以在上面写字记事。古时候大臣朝见君王的时候，拱手执笏、鞠躬致敬以为礼，并随时在笏板上记录君命、旨意，也可以将要对君王上奏的话记在笏板上，以防遗忘。手板不能一直拿在手上，所以就插在腰带里，缙绅就是从古代官员把手板插到腰带里这个动作，转而变成了官员的代称。

“缙绅”之后，唐代出现了“缙绅士子”“缙绅士大夫”等说法；到了明代，又演化出了“绅士”“士绅”的称谓，这些称谓均表示贵族、士族阶层有功名身份或有学识教养的仕宦名流。现代汉语用“绅士”来翻译英语里面的 gentleman 一词，指言行举止优雅有礼的男士。

都下竹枝词

清·方文

有客慈仁古寺中，苍龙鳞畔泣春风。
布衣自有布衣语，不与簪绅朝士同。

赏析：这首诗写于明清换代之际，表达了诗人不事王侯甘为布衣的遗民气节。其中，簪绅是古代官吏佩戴的冠簪与绅带，在此是官吏的代称。

【主讲人：刘宝俊 中南民族大学文学与新闻传播学院 教授】

nóng

农

农

从『农』字的起源看中国农耕文化。

造字故事 ZAOZIGUSHI

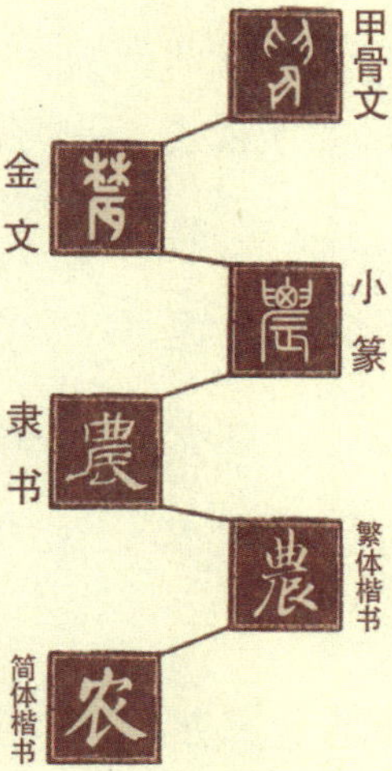

甲骨文的“农”上面是一双手，下面形状有点像蚌壳描绘的是一个双手拿着蚌壳的人在田间耕作的样子。

金文中的“农”上面表示山林，下面表示锄禾劳作，表示在丛林中垦荒耕种。小篆将“林”写成了朝下的双手"臼"。隶书将小篆字形中的上边部分合在了一起。楷书有两个版本，一个和隶书差不多，另一个将上边的众多笔画简化成"冖（mì）"，跟以前的样子不太一样。

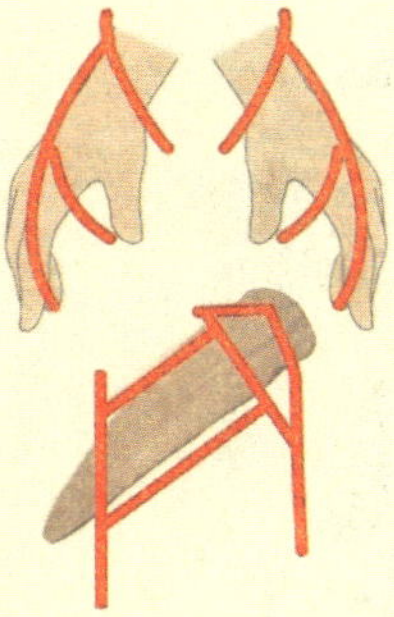

文化故事 WENHUAGUSHI

"农"这个字给我们以下几个启发。第一，古时候的人们可能是用蚌壳作为生产工具，在田间耕作。第二，当时的农夫为什么如此辛苦地在林边刨地？当然是为了开垦荒地、栽种庄稼，以便日后收获庄稼的果实。第三，"农"字记录的是开垦荒地以栽种培育庄稼的心情，实际上就是对农业生产农耕文化的一种诠释。

"农"字其实是原始农业生产的一幅图画，中国古代有一部很重要的史书《国语》，

它上面说："夫民之大事在农。"意思是说民众的最大的事情就在于从事农业。另外一部史书《汉书》中说："辟土殖穀曰农。"说得通俗一点就是刨地、种谷就是"农"。"农"字作为原始农业的定义，让人们找到了中国农耕文化的流变。

悯农（其一）

唐·李绅

春种一粒粟，秋收万颗子。
四海无闲田，农夫犹饿死。

赏析：诗中通过描写旧社会农民所受的残酷剥削，揭露了社会不平，抒发对农民疾苦的深深同情。

【主讲人：周光庆 华中师范大学文学院 教授】

饮

『饮』字原来不从食字旁。

yǐn

造字故事

ZAOZIGUSHI

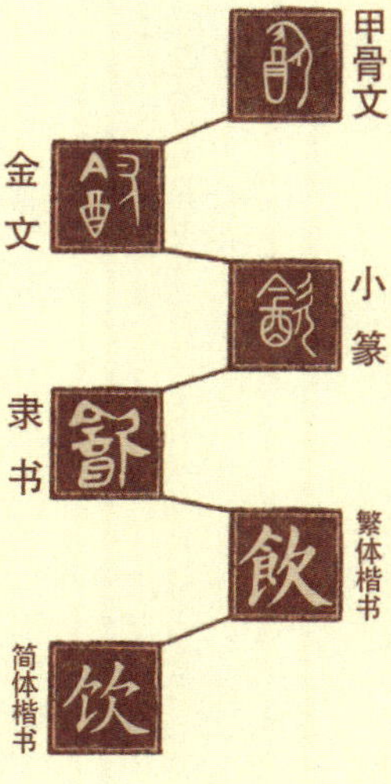

古时候“饮”字是一个会意字，最初表示的是饮酒。甲骨文的“饮”字左边是一个酒樽，右边像一个人张着口，弯腰用手抱住酒樽，伸出舌头准备俯身喝里面的酒。

金文的“饮”中人的舌部讹变成了“今”，人形变成了“欠”，成了从欠从酉今声的“歙（yǐn）”。左边这部分是“酓（yǎn）”，“酓”的意思是酒味苦。

因为表示酒樽的“酉”跟食器很相像，战国时期的文字中，从酉今声的“酓”讹变成了从食今声。小篆字形规整化，隶书综合了小篆和战国东方古文“饮”的异体字，简体字的“饮”将左边的“食”简化为“饣”。

文化故事 WENHUAGUSHI

古时传说有一条“贪泉”，据说人喝了贪泉的水，会变得贪心，可是，偏偏有人不信邪。《晋书》里记载有个人叫吴隐之，他做广州刺史时为官清廉。广东的石门有一处“贪泉”，吴隐之专门去喝了贪泉的水，还写了一首诗：“古人云此水，一歃（shà）怀千金；试使夷齐饮，终当不易心。”意思是说，古人说饮了贪泉的水，就能贪千金。可是，如果让伯夷、叔齐这样品行高洁的人喝了这水，也一定不会改变他们的志向。吴隐之做官清廉，被记入了《晋书》的《良吏传》。

将进酒（节选）

唐·李白

天生我材必有用，千金散尽还复来。

烹羊宰牛且为乐，会须一饮三百杯。

赏析：诗歌表现了李白豪放豁达的性格，同时也流露出他怀才不遇但又渴望有所作为的思想情感。

【主讲人：王洪涌 华中师范大学文学院 副教授】

shí

食

食

民以食为天

造字故事 ZAOZIGUSHI

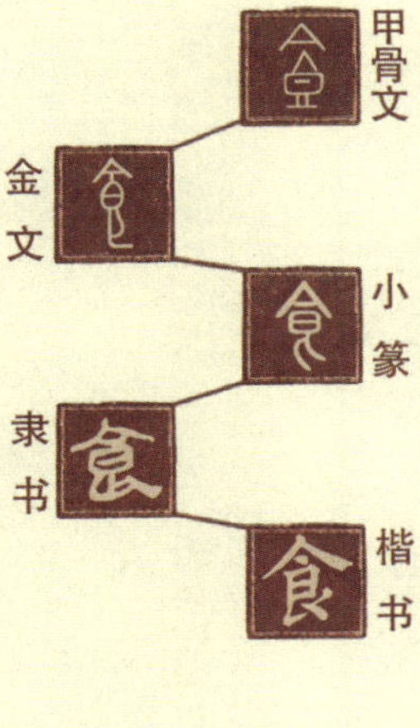

甲骨文的“食”是一个会意字，上面像一个盖子，下面像装食物的容器簋（guǐ），里面装满了主食。有的甲骨文形体两侧还有几点，表示漏下的米粒。

通常认为“食”的本义表示食物。有学者认

为上面的“亼”不是盖子，而是表示人张着的口，正低头准备吃簋当中的食物，所以认为它的本义是“吃”。“食”表示食物和表示吃的意义，在古代都很常见。

食 甲骨文

金文的形体与甲骨文相近，但食器下部底座部分变得有点像“匕”。小篆当中的“食”，下部的形体发生了变化，变成了从白从匕的“皀”。许慎认为“食”是形声字，从皀，亼声，表示装在食器里的米；或者是理解成会意字，上面是亼，下面是一粒米。

隶书在小篆的基础上略有变化。此后楷书的“食”字上部“人”衍化为一横，末笔是捺。简化字分别变为点和长点。

文化故事 WENHUAGUSHI

相传黄帝的时候就有“炊谷为饭”，“饭”就是煮熟的谷类食物，多指米饭。跟“饭”相比，“食”的范围要宽一些。

我们再来看“粮”和“食”的区别。

“粮”通常指旅途当中所带的干粮。住家所吃的叫“食”，路上带的叫粮。“粮”也写作“糧”，为什么右边写作“量”呢？因为在路上的食物要按人数多少、路程远近、时间长短等先估量好。比如说“兵马未动，粮草先行”中的粮就指军人吃的干粮。孔子当年在陈绝粮的故事，指的就是他周游列国的时候，在陈国吃完了那些带的储备的干粮。

寒食

唐·韩翃

春城无处不飞花，寒食东风御柳斜。
日暮汉宫传蜡烛，轻烟散入五侯家。

赏析：诗歌描写寒食节中唐朝长安皇城的春日盛景和恢宏气派，在对盛世升平的歌咏中含蓄地表达对皇室特权的不满。

【主讲人：王洪涌 华中师范大学文学院 副教授】

采

『采』字与农耕文化有什么关系？

cǎi

造字故事
ZAOZIGUSHI

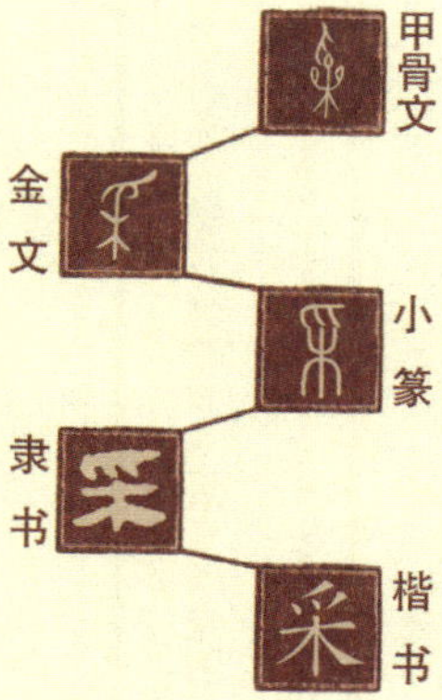

甲骨文的“采”上边是一只手，下边是果树，表示用手摘果实。金文和小篆承续了甲骨文的字形。隶书和楷书则进一步线条化和符号化，发展成我们今天所用的“采”字。

早在三千多年以前，这个“采”字就活跃在甲骨文中，它的下部像一棵结满果实的树，它的上部像一只伸向树上果实的手，正在采摘果子。

中华先民在求生存求发展的过程中，慢慢懂得除了动物以外，部分植物果实也是可以吃的，能够使他们获得营养。为了记录解释这一个发现，使以后的人能够继承下来，他们就基于自己的生活体验，发明了“采”字。这就是金文、小篆、楷书以及现代简化字“采”的最初由来。

文化故事 WENHUAGUSHI

“采”这个字不仅能够使我们想起三千多年前先民采摘果实时的种种情景，还能够让我们耳边回想起《诗经》中的名句：“参差荇菜，左右采之。”

许多植物的果实能够充饥，能够使人获得营养，是人类生活不可或缺的。在农业生产系统化以前，有一部分人专门从事采集，正是这种采集工作，酝酿了农耕文化的灵感。中华先民由关注植物的果实，而开始关注植物；由关注植物的生长，开始尝试对植物的栽培和养育。正是在这一个漫长的过程里，他们逐步获得了农耕发明的灵感。这样一来，我们对于农耕文化就有了一个较为完整的认识。

饮酒（其五）

晋·陶渊明

结庐在人境，而无车马喧。
问君何能尔？心远地自偏。
采菊东篱下，悠然见南山。
山气日夕佳，飞鸟相与还。
此中有真意，欲辨已忘言。

赏析：全诗表达了作者厌倦官场腐败，决心归隐田园、超脱世俗追求的思想感情。

【主讲人：周光庆 华中师范大学文学院 教授】

枣

枣在中国人心目中有哪些特殊寓意？

zǎo

枣

造字故事 ZAOZIGUSHI

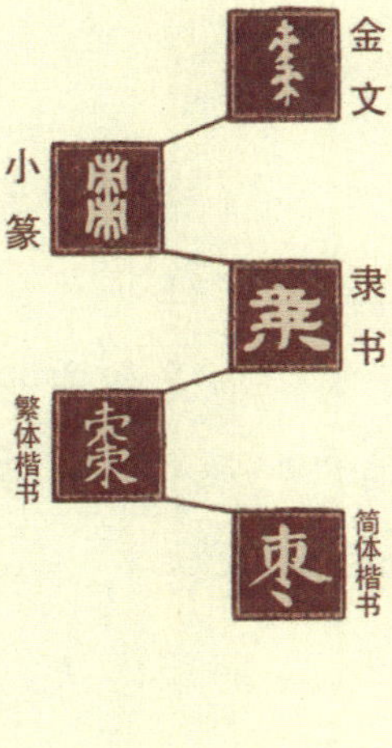

枣在我国的种植历史约有八千年了。金文中的“枣”是由上下两个“朿”构成的，“朿”在甲骨文中表示植物上的钩刺，人们也仿照它制作武器中的箭矢。

上下两个“朿”联系

在一起，突出了枣树多刺且树形较高的特点。小篆中的枣字，把“朿”中箭的形状，改为了“木”，两个“朿”上下相连。隶书中的枣与小篆相比，形体有了很大的变化，今天简化字中的枣将下面的“朿”简化为两点，就成了我们现在看到的“枣”字。

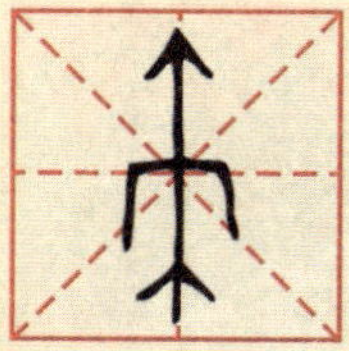

枣 金文

文化故事 WENHUAGUSHI

枣在年节、民俗当中是不可缺少的食物，比如举办婚礼的时候，人们往往会在新房床上撒上红枣、花生、桂圆、莲子这些东西，是取的“早生贵子”的寓意。端午节包红枣粽子，八月十五中秋节要用枣、苹果、梨来祭祀祖先，可以说枣含有喜庆、吉祥的寓意。中国人特别喜欢枣，除了以

上这些原因，还有可能是因为中国人向来喜欢红色，而成熟的枣恰恰迎合了这个象征着喜庆和吉祥的颜色。枣的谐音“早”也寄托了人们对幸福和美好的追求，小小的枣子已经深深地植根于中国人的心中。

浣溪沙·徐门石潭谢雨道上作五首（其四）

宋·苏轼

簌簌衣巾落枣花，村南村北响缲车，牛衣古柳卖黄瓜。
酒困路长惟欲睡，日高人渴漫思茶，敲门试问野人家。

赏析：诗歌描绘了大旱降雨后枣花飘落，百姓安居乐业的初夏乡间场景。

【主讲人：王洪涌 华中师范大学文学院 副教授】

桃

为什么『桃』字是水果里面寓意最美的汉字？

táo

造字故事

ZAOZIGUSHI

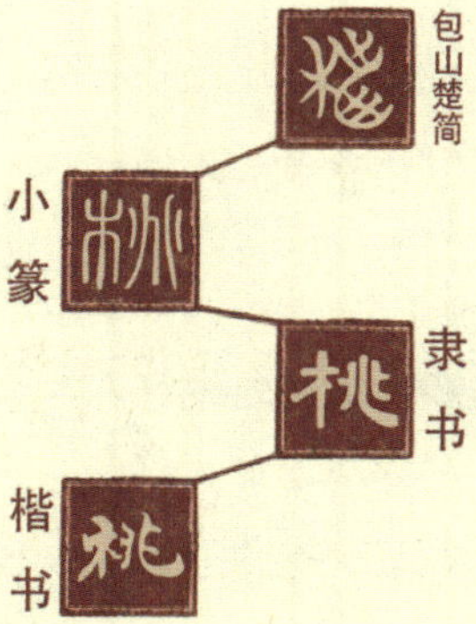

战国时期包山楚简文字中的“桃”字，左边是“木”，右边是“兆”。小篆中的“桃”还是左右结构，左边是“木”，表示它的类别，右边“兆”字表示它的读音。《说文解字》有：“桃，果也。从木，兆声。”可见“桃”

是一个形声字。明代医药学家李时珍在《本草纲目》里说：“桃性早花，易植而子繁，故字从木、兆。十亿为兆，言其多也。”他认为“桃”这个字表示的是它的果实很多。隶书、楷书中的“桃”字字形，与小篆一脉相承而大同小异。

文化故事 WENHUAGUSHI

汉语中与桃相关的一些词都与美丽、美好有关，比如人面桃花——形容女子和桃花都很美；桃花妆——古代女子的一种盛妆；桃花面——女子美如桃花的面容；桃腮粉脸——形容女子粉红色的脸颊。由此可见，桃树最先被人们关注到的，是它的花。

同时，“桃”字包含着中国人对时间的认识。用“桃花”来比喻女孩子，往往含有“青春易逝”的意思。比如崔护的《题都城南庄》：“去年今日此门中，人面桃花相映红。人面不知何处去，桃花依旧笑春风。”

诗人感慨的，正是桃花易逝，青春难再。

因为桃子外形好看，所以人们在吃桃子的时候，也希望桃子可以让人们延年益寿。于是有了《西游记》里关于蟠桃的想象，还有寿星的寿桃形象等。

另外，古代人们相信桃木有辟邪的作用，所以用桃木柄做的扫帚、弓来举行除灾仪式，或者是在门口插上桃树的枝，把鬼怪挡在门外。后来人们在桃木板上画上神荼、郁垒，保佑平安，这就是桃符。“桃符”后来慢慢演变成了春联。

题都城南庄

唐·崔护

去年今日此门中，人面桃花相映红。
人面不知何处去，桃花依旧笑春风。

赏析：诗中的桃花寓意美好的事物，诗句借桃花追忆往事，表达了诗人的怅惘之情。

【主讲人：王洪涌 华中师范大学文学院 副教授】

lǐ

李

李

为什么说『李』是水果界的智者和谦谦君子？

造字故事 ZAOZIGUSHI

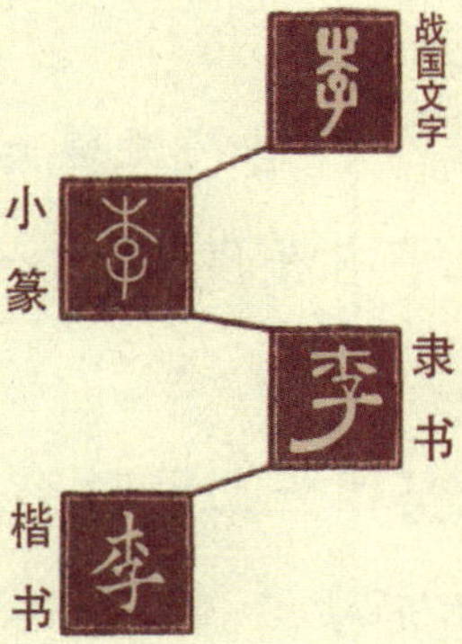

李是蔷薇科植物。古人很早就知道种植李树了。在先秦古玺中就已经出现了“李”字，上部是“木”，下部是“子”。甲骨文和金文中也都有这样的形体。有人把“李”拆分为“十八子”，其实从造字的角度来看，准确地说应该是“木、子”。《说文解字》有：“李，果也。从木，子声。”“李”字是个形声字，表示一种果实。具体是什么果实，没有说明。这就是形声字造字方法的特点，形符只说明类别，并不说明它的具体的意义。

李 战国文字

隶书、楷书以及今天简化字的“李”，基本承袭了小篆的结构。

文化故事 WENHUAGUSHI

为什么“李”能够让人联想到谦谦君子呢？我们可以从以下故事中寻找答案。

俗话说，“瓜田李下，各避嫌疑”。经过李树下的时候，不要去整理头上的帽子，这样避免让人觉得是伸手摘李。传统儒家推崇“君子不欺暗室”，不管处在什么环境，都应该严格自律，这样才是谦谦君子。

还有一句俗语，叫“投我以桃，报之

以李”。你送给我桃子，我送给你李，这种礼尚往来，也是我们日常生活中应该注意的礼节。

古代有一个“道边李苦”的故事，说西晋的时候，有一个很聪明的人叫王戎，小时候他跟小伙伴在路旁边玩，看见李树上有很多果实，其他小朋友都跑去摘，王戎没有去。有人问他为什么，他说长在路边的果子一定是苦的，不要去摘。小朋友一尝，果然是苦的。这个故事告诉我们，看事物不能只看表面，要认真观察、认真思考。“李”在这里又成了对智者的考验。

咏李

唐 · 李白

春风送暖百花开，迎春绽金它先来。
火烧杏林红霞落，李花怒放一树白。

赏析：诗歌描绘了李花怒放，大地回春的景象。

【主讲人：王洪涌 华中师范大学文学院 副教授】

杏

xìng

为什么用『杏林』代指中医界？

造字故事

ZAOZIGUSHI

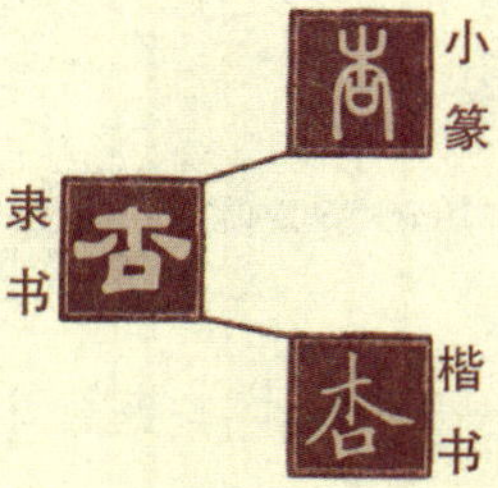

“杏”字是一个形声字。小篆中的“杏”上部是一个“木”，表示杏树的类别属于木本植物；下部是一个“口”，《说文解字》认为是“可”的省形，表示读音。《说文解字》中说：“杏，果也。

从木，可省声。”强调“杏”是一种果实。隶书、楷书以及今天简化字的“杏”字进一步线条化，写法与小篆基本相同。

文化故事 WENHUAGUSHI

为什么人们用“杏林”代指中医界呢？

三国时，吴国有个人叫董奉，给人治病不收钱。病重的人被他治好后就种五棵杏树，病轻的人好了之后就种一棵杏树。过了若干年，杏树栽了十万多棵，收获的杏子也资助了不少的穷人，所以后人往往以杏林、杏田来指称那些行医的人。送给医生的锦旗往往也会写上“誉满杏林”，或者“杏林春满”等等。

《本草纲目》里记载，杏仁不但可以吃，而且还有药用价值。

南北方的杏树品种不同，杏仁也有区别。北方的杏仁有苦味，一般多作药用，可以润肺、平喘。南方的杏仁略甜，可煮粥、做点心。

杏在中国诗词中出现的频率也是很高的。比如叶绍翁的“一枝红杏出墙来”，陆游的“小楼一夜听风雨，深巷明朝卖杏花”，杨万里的“道白非真白，言红不若红，请君红白外，别眼看天工”，王安石的“一陂春水绕花身，花影妖娆各占春”，也都是杏花的描写。杜牧的《清明》诗中“借问酒家何处有，牧童遥指杏花村”更是家喻户晓。

绝句

宋·僧志南

古木阴中系短篷，杖藜扶我过桥东。
沾衣欲湿杏花雨，吹面不寒杨柳风。

赏析：诗歌表达了作者在微风细雨中拄杖春游的惬意与悠然。

【主讲人：王洪涌 华中师范大学文学院 副教授】

lí
梨

梨

为什么『梨花带雨』可以用来形容女子？

造字故事
ZAOZIGUSHI

“梨”字今天能见到的最早字形为小篆，是一个形声字。上面是“利”，是表读音的声符；下面的“木”是意符，表明属于树木类。隶书继承了小篆字形，楷书将声符的右边的部件“勿”简写成了“刂”，就成了我们现在所见到的“梨”字。“梨”的本义就是指梨树，它同时也可以指梨树的果实梨子。

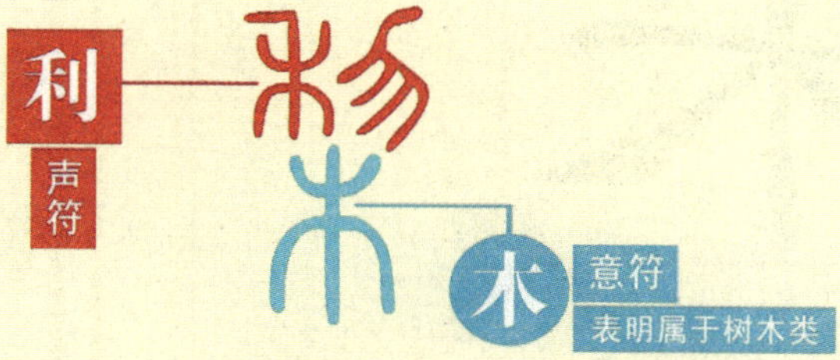

梨 小篆

文化故事 WENHUAGUSHI

梨树开花特别漂亮，通常春季开花，花色洁白，如同雪花，因此古人经常用梨花来比喻雪花。唐代诗人岑参在《白雪歌送武判官归京》这首诗中写道：“北风卷地白草折，胡天八月即飞雪。忽如一夜春风来，千树万树梨花开。”这是说，北方边塞地区秋八月就下起大雪，漫天飘舞的雪花就像春风中盛开的千树万树的梨花。这种比喻突出了雪花的洁白无瑕，富有诗意。

梨花洁白纯净，也可用来比喻女子美丽

的容貌。唐代诗人白居易在《长恨歌》里写道："玉容寂寞泪阑干，梨花一枝春带雨。""阑干"是纵横的意思。这里描写的是杨贵妃死后的化身太真仙子，她肌肤雪白，容颜像花儿一样美丽，可是心中却寂寞悲苦，如玉的脸上泪水纵横流淌，就像一枝带雨的梨花。这种比喻突出了杨贵妃的娇弱美丽、凄楚动人。后来人们就用"梨花带雨"来泛指女子的娇美。《水浒传》第六十九回赞颂李瑞兰的美貌，说："万种风流不可当，梨花带雨玉生香。"

春怨

唐·刘方平

纱窗日落渐黄昏，金屋无人见泪痕。
寂寞空庭春欲晚，梨花满地不开门。

赏析：这首诗抒发宫嫔失宠的幽怨。一、二句写出宫人的寂寞和内心的愁怨，三、四句写暮春的残败景象和环境的寂寥，渲染宫人心境的凄楚。

【主讲人：卢烈红 武汉大学文学院 教授】

瓜

guā

瓜

没想到甜瓜在我国的种植历史这么悠久！

造字故事

ZAOZIGUSHI

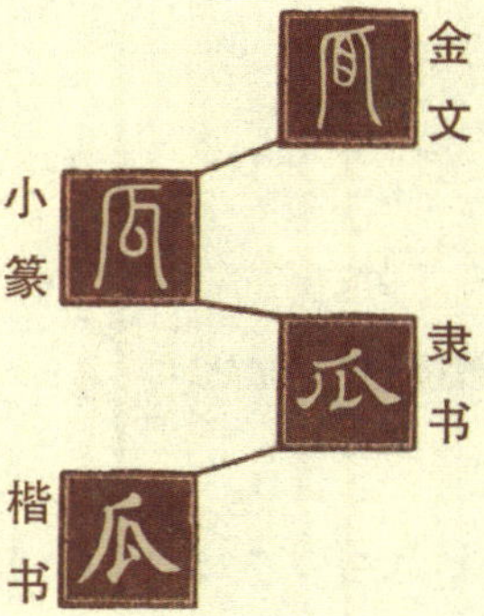

“瓜”是一个象形字。在战国金文中“瓜”就像长长的藤蔓上长着瓜的样子。小篆“瓜”的字体仍然继续保留了浓厚的象形色彩，字形变化不大。汉代隶书中“瓜”的字形逐渐稳定下来，虽然下部少了一点

儿，但基本上已经能够看到今天的字形了。唐代楷书中“瓜”字的线条进一步流畅，笔画也变得十分规整。

瓜的本义是各种瓜的通称，《诗经·豳风·七月》里说“七月食瓜”，七月是瓜成熟之时，人们普遍食用时令瓜果。因为它成熟时间比较固定，后来被引申为指时间，即瓜成熟的时候。比如《左传·庄公八年》记载，齐襄公派两位大夫外出戍守边境，对他们许诺说“瓜时而往”“及瓜而代”，意思是瓜成熟时派出去，一年后派人来取代他们，好让他们回来。但是齐襄公不信守承诺，两位大夫怎么等也没等来替代他们的人，结果两人一合计，干脆起兵造反杀掉了齐襄公。后来人们就常常用“及瓜”指代任职期满。

文化故事
WENHUAGUSHI

作为水果的瓜类，主要是甜瓜与西瓜。甜瓜，古代又名“甘瓜”，是可以生吃的。中国人很早就栽培甜瓜，考古人员发现，在著名的马王堆汉墓女尸辛追夫人的体内，就有138颗未消化的甜瓜子，据此判断她去世时应该正值夏季。这也说明汉代以前甜瓜就已经被广泛种植。

送外甥郑灌从军三首（其三）

唐·李白

月蚀西方破敌时，及瓜归日未应迟。
斩胡血变黄河水，枭首当悬白鹊旗。

赏析：这首诗以热情洋溢的语言，盛赞外甥郑灌的爱国壮举和对他寄予的殷切希望，同时表达了李白作为长辈希望外甥郑灌在完成破敌任务之后，能够早日荣归故乡。“及瓜归”的含义是瓜果成熟的时候就回家。

【主讲人：王准 湖北省社科院楚文化所 副研究员】

桂

为什么比赛夺冠叫做『摘得桂冠』呢？

guì

桂

造字故事 ZAOZIGUSHI

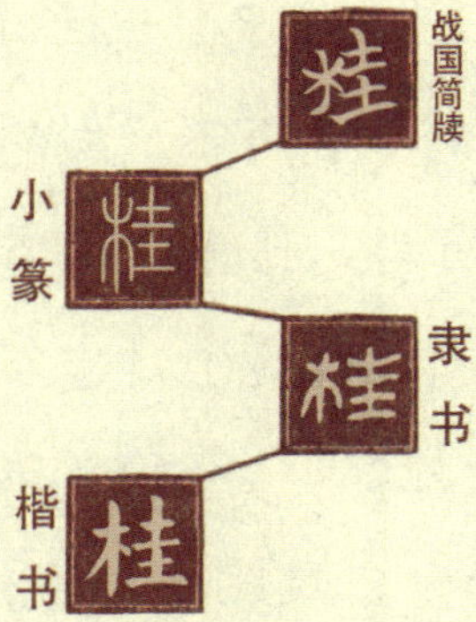

“桂”字最早出现于战国时期的包山楚简，是一个形声字，左边的“木”表意，表明它是属于树木类，右边的“圭”是表读音的。小篆里面“桂”字的写法跟包山楚简一样，只不过字形更加规整、美观，隶书

和楷书则把弯曲的线条拉直，更为符号化。

“桂”的本义指桂树，也可指桂树的花，也就是桂花。桂树有很多品种，常见的有肉桂、金桂、月桂等。

文化故事 WENHUAGUSHI

桂花还有一个称呼，叫“桂子”。杭州桂花很多，古代写杭州的诗词，有不少写到桂花。如唐代诗人宋之问《灵隐寺》这首诗，歌咏的是西湖边灵隐寺的美景，诗中写道：“桂子月中落，天香云外飘。”夸赞灵隐寺一带的桂花是从天上的月宫飘落下来的。

现如今，在体育比赛中，我们经常听到解说员说“祝贺某某运动员摘得了某项赛事的桂冠（guān）”，也就是获得了冠军，

这个说法仍然跟桂花树有关。“冠”就是帽子，“桂冠”本来指用桂叶、桂花编制的帽子。这种帽子很香，又可以象征高洁。古代希腊人喜欢把桂冠授给杰出的诗人或竞赛中的优胜者，由此“桂冠”就有了冠军的意思。三国时期的著名文学家繁（pó）钦在《弭愁赋》这篇作品中就提到用桂冠作为装饰。

鸟鸣涧

唐・王维

人闲桂花落，夜静春山空。
月出惊山鸟，时鸣春涧中。

赏析：诗人用花落、月出、鸟鸣等活动着的景物，突出地显示了月夜春山的幽静，取得了以动衬静的艺术效果，生动地勾勒出一幅“鸟鸣山更幽”的诗情画意图。

【主讲人：卢烈红 武汉大学文学院 教授】

槐

槐的浑身都是宝！

huái

槐

造字故事 ZAOZIGUSHI

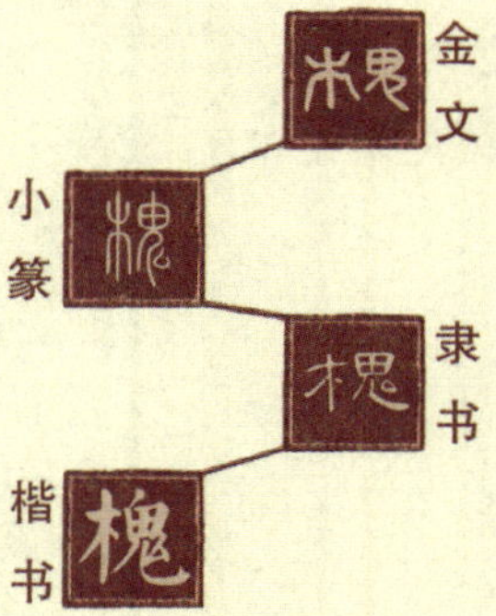

金文的“槐”是一个形声字，左边的“木”是表意符号，表明属于树木类，右边的“鬼”是声符，表明这个字的读音。小篆继承了金文字形，更加对称和美观。隶书和楷书则把字体中的曲笔拉直，更加符号化。“槐”的本义指的就是槐树。

文化故事 WENHUAGUSHI

槐树的很多部分可以作药物，根和皮煎汁可治疗火烫伤，槐花、果实可作为凉血、止血的药。槐花有多种，其中的洋槐花是白色的，花朵较大，很香，小孩子们喜欢摘下来生吃，味道清香甘甜。

槐树叶还可用来制作食物。有一种食物叫“槐叶冷淘”，简称“槐淘”，又叫“槐芽饼”。这是一种凉食，把槐树叶的汁和面粉做成饼、条、丝等形状，煮熟，用凉水浸漂后食用，颜色鲜亮碧绿，是夏天消暑的美味。这种食物在唐代开始出现。大诗人杜甫有一首诗题目就叫《槐叶冷淘》，诗中对这种食物的制作过程、色味特点进行了描写。

和董传留别

宋·苏轼

粗缯大布裹生涯，腹有诗书气自华。
厌伴老儒烹瓠叶，强随举子踏槐花。
囊空不办寻春马，眼乱行看择婿车。
得意犹堪夸世俗，诏黄新湿字如鸦。

赏析：诗人称许了董传的志向，同时预祝他黄榜得中。全诗巧于用典，蕴藉含蓄。其中“腹有诗书气自华”一句，广为传诵，脍炙人口。

【主讲人：卢烈红 武汉大学文学院 教授】

fēng

枫

枫

关于枫叶的美，你知道多少？

造字故事

ZAOZIGUSHI

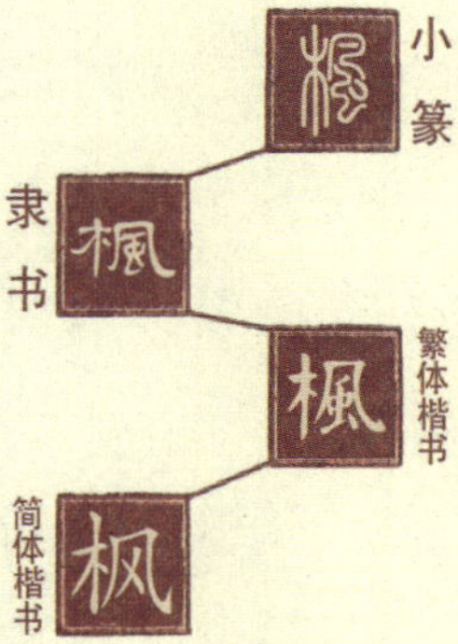

“枫”字今天能见到的最早字形为小篆，是一个形声字。左边的“木”，是表意符号，表明属于树木类；右边的“風（风）”，是声符，表明这个字的读音。隶书和繁体楷书的“枫”字在小篆基础上更加符号化，简体字的“枫”将繁体字“楓”右边的声符风里面较为复杂的笔画简化为叉形符号，书写起来更简单。“枫”的本义指枫香树，就是我们通常所说的枫树。

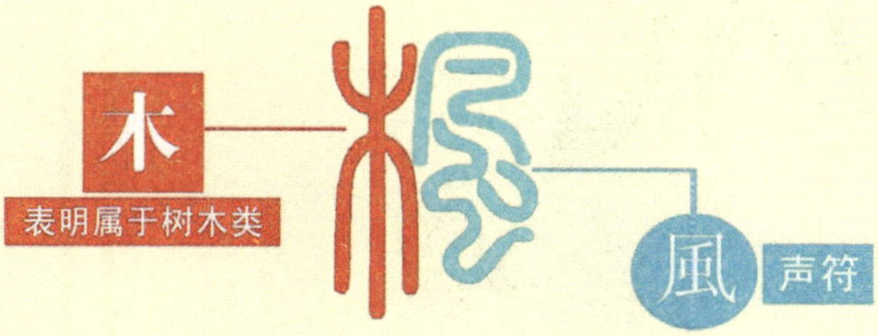

枫 小篆

文化故事 WENHUAGUSHI

“枫林”指的是枫树林。一到秋天，枫叶变红，枫叶、枫林非常美。唐朝诗人杜牧的《山行》这首诗中有“停车坐爱枫林晚，霜叶红于二月花”的诗句，把枫林、枫叶之美写得淋漓尽致，以至于现代作家茅盾直接把“霜叶红于二月花”这一千古名句作为自己一部长篇小说的书名。

“枫”这个字还跟古代帝王有很深的渊源，比如有一个词叫“枫宸”，指帝王的宫殿。帝王的宫殿怎么和“枫”联系上了呢？原来，“宸”是北极星所在的地方，古代常以北极星比喻帝王，因此“宸”指帝王的宫

殿；汉代宫庭种有很多枫树。这两个因素加在一起，“枫宸”就成了帝王宫殿的代称。

与“枫宸”相关的还有一个词叫“枫陛”。它有两个用法，一个指朝廷，一个指皇帝。“陛”指帝王宫殿的台阶，加上汉代宫殿中多种枫树，这两种因素使得“枫陛”可指朝廷和皇帝。清代刘义林《万寿诗》中有一句是“鹭序趋枫陛”，这句是说，百官像白鹭鸟那样有次序地奔向朝廷。

野步

清 · 赵翼

峭寒催换木棉裘，倚杖郊原作近游。
最是秋风管闲事，红他枫叶白人头。

赏析：诗人将“秋风”拟人化，认为它是个“管闲事”的家伙，染红了枫叶，染白了头发，抒发了时光把人抛、人老见白头的愁绪。

【主讲人：卢烈红 武汉大学文学院 教授】

稻

古代北方贵族阶层享用的奢侈品。

dào

稻

造字故事 ZAOZIGUSHI

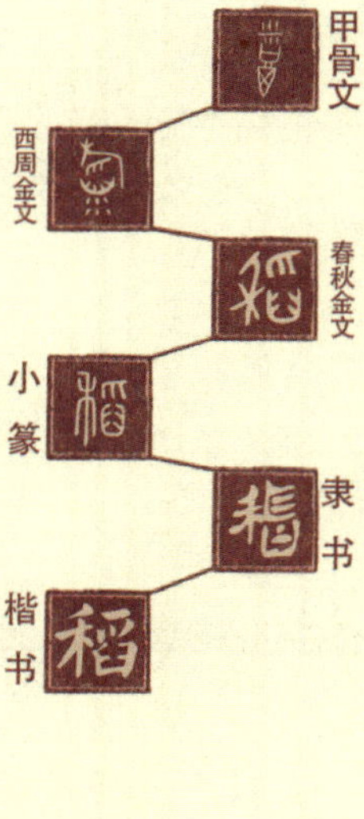

“稻”在甲骨文中是一个形声字，上面的一横加上很多小点是“米”字的形象，这是“稻”字的形符，表示它是米的一种。下面像一个用来盛放东西的坛子，这是“稻”字的声符。到了西周金文里“稻”字的字形就发生

了变化，金文中“稻”字最上方是飘扬的旗子的形象，“舀”是它的声符，而“米”是它的形符。春秋金文中的“稻”字形符“米”变成了“禾”，结构上已经很接近现在的“稻”字了。到了小篆“稻”字里“臼”的笔画向内翻转，字形更加美观。隶书承袭小篆，字体进一步线条化。唐代楷书的“稻”字笔画已经非常工整。

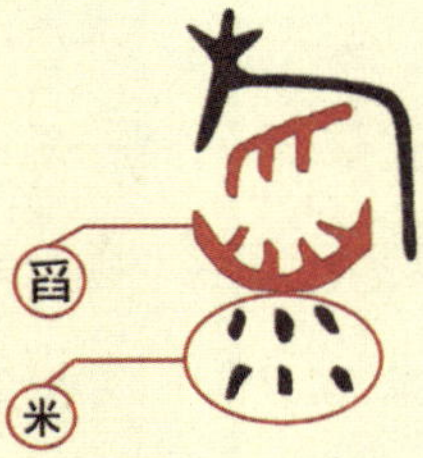

稻 西周金文

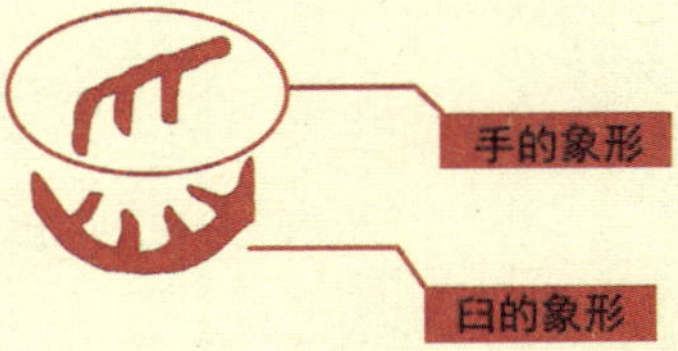

在“稻”字的早期字形中的这个“舀”字，本身是一个会意字，上半部分是手的象形，下半部分是舂米用的臼的象形。因为谷物外面有粗糙的壳是不能吃的，所以需要把谷物放进捣臼之中，捣去谷物的外壳，这个过程称为舂米。“舀”字就像用手把捣臼中舂好的去壳的米掏出来的形象。

文化故事

WENHUAGUSHI

司马迁

先秦时，北方种的稻很少，能经常吃到稻米的往往是富贵阶层。孔子说过：“食夫稻，衣夫锦，于汝安乎？”吃稻米被孔子看作是锦衣玉食的生活享受，可见当时稻米在北方多么珍贵。而水稻在南方生长，所以从很早开始，南方人多以稻米为主食。湖北江陵凤凰山汉墓出土的简牍中记载有多种稻米名称，反映稻是当地的主食。司马迁在《史记·货殖列传》中记载说“楚越之地，地广人稀，饭稻羹鱼”，说的就是南方地区以稻米为主食、以鱼羹为主菜的情景。

西江月·夜行黄沙道中

宋·辛弃疾

明月别枝惊鹊，清风半夜鸣蝉。
稻花香里说丰年，听取蛙声一片。
七八个星天外，两三点雨山前。
旧时茅店社林边，路转溪头忽见。

赏析：本篇通过描写诗人自己夜行黄沙道中的具体感受，描绘出农村夏夜的幽静美景，形象生动逼真，充分反映了作者对丰收所怀有的喜悦之情以及对农村生活的热爱。诗中的“稻花香”指的是田间稻苗的香气。

【主讲人：王准 湖北省社科院楚文化所 副研究员】

粟

sù

粟

小小的粟米与国家有什么关系？

造字故事

ZAOZIGUSHI

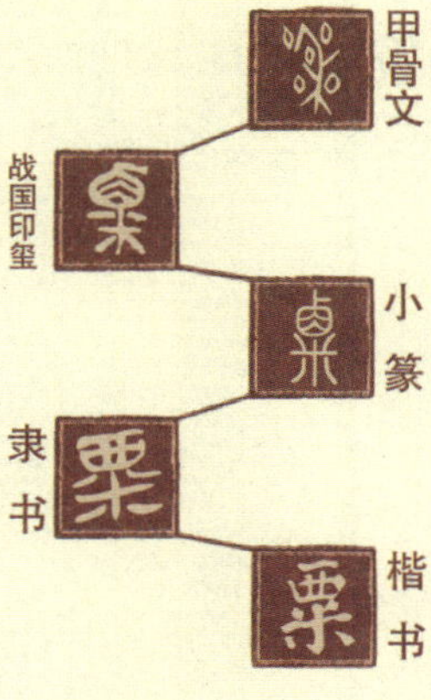

在商代甲骨文中，“粟”是一个象形字。几个圈圈，代表的是粟的米粒，中间是禾的象形，我们可以看到粟米粒紧紧贴着禾的叶子，而禾的顶端弯了下来。整个字形就像粟粒成熟之后植物被压弯、顶端下垂的样子。到了战国玺印文字中，“粟”的字形发生讹变，所从的“禾”变为“米”。小篆字形中的“粟”字，与战国玺印文字相当接近。汉代隶书中的“粟”，上部的构字部件逐渐演变得像“西”字。楷书的“粟”字上部从“西”，下部从“米”，至此“粟”字才算完全定型。

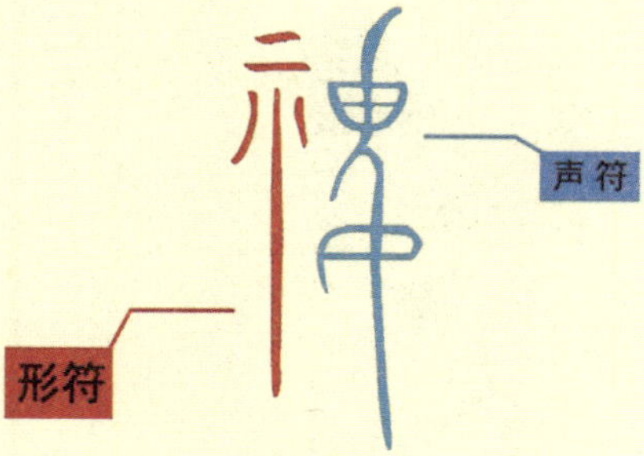

稷 金文

据农业史专家的考证，粟这种植物，在古代还有另一个名称“稷”。稷是一个形声字。在战国金文中“稷”字左边的“示”为其形符，右边“畟（jì）”是它的声符。“示”在古文字里，像神主牌位的形象。所以这也暗示了“稷”字最早可能与祭祀活动有关。

粟在去掉壳之后，就是今天说的“小米”，北方通称为“谷子”。粟在中国古代粮食作物中地位非常重要，被列为“五谷之首”。有学者推测，“稷”字多用于庙堂之上，而“粟”字则用于民生之中。所以在祭祀活动中作为贡品的小米，被称为稷，而日常生活中作为食物的小米，则称为粟。当稷成为庙堂用语之时，“社稷”的观念由此产生。“社”象征土地、土神，“稷”代表五谷、谷神。两者合一，则可以表示国家。

悯农（其一）

唐·李绅

春种一粒粟，秋收万颗子。
四海无闲田，农夫犹饿死。

赏析：这首诗描绘了当时农民春季辛勤播种，秋季粮食丰收的景象，但也表明了即使丰收，农民依然吃不饱的残酷现实。全诗深刻揭露了当时统治者对农民残酷的剥削。“粟”在诗中是粟米的意思。

【主讲人：王洪涌 华中师范大学文学院 副教授】

黍

黍子为什么没有成为咱们的主食呢？

shǔ

黍

造字故事 ZAOZIGUSHI

甲骨文的“黍”字有不同的写法，第一个字形画的就是黍子这种植物的形象，是个象形字。第二个字形左边多出了一个水字形。有的学者认为，黍子可以酿酒，所以加水旁，是个会意字；有的学者则认为，这个水形其实不是水，而是黍子成熟以后脱落下来的黍子的颗粒，所以这个字是象形字。

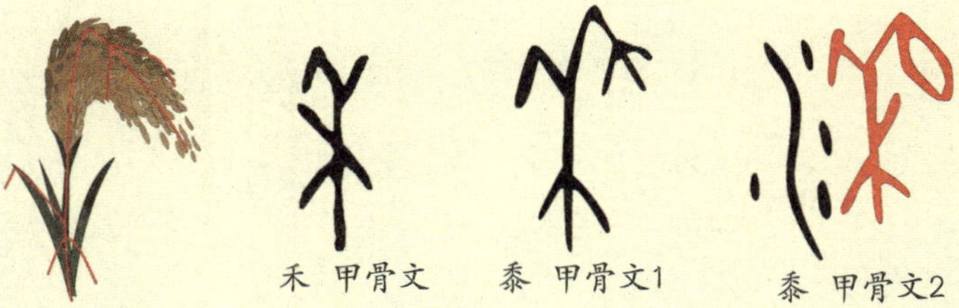

禾 甲骨文　　黍 甲骨文1　　黍 甲骨文2

金文中的“黍”在甲骨文第二个字形的基础上，将右边的“黍”的形象变成“禾”的形象。

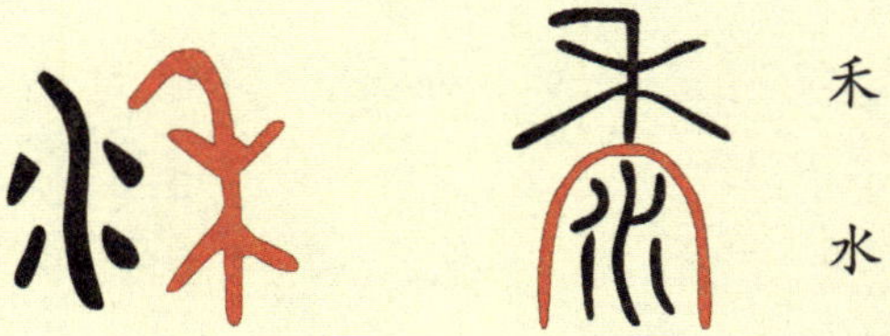

黍 金文　　黍 小篆

小篆的“黍”将金文的左右结构改成了上下结构，在“禾”和“水”之间加了一个半椭圆形部件。这个部件，有的学者说是“入”，他们认为小篆是以“禾”“入”“水”三个部件会意，“禾入水”也就是将黍子放入水中发酵酿酒。

“黍”的本义是“黍子”，既可指这种植物本身，也可指它的籽实。黍的籽实俗称黄米，是古代级别比较高的谷类食物。

文化故事 WENHUAGUSHI

在古代，杀鸡、煮黄米饭招待客人是规格比较高的招待礼节。《论语·微子》篇里面记载一位乡村老翁留孔子的学生子路住宿，“杀鸡为黍”招待子路，并让自己的两个儿子拜见子路。“为黍”就是煮黄米饭。唐代孟浩然在《过故人庄》这首诗中说：“故人具鸡黍，邀我至田家。”诗句中的“鸡黍”就是代指高规格的招待。不过，由于黍子黏性大，不好消化，不宜长期食用，因此没有像小麦和水稻一样成为现代人的主食。

禾熟（其一）

宋·孔平仲

百里西风禾黍香，鸣泉落窦谷登场。
老牛粗了耕耘债，啮草坡头卧夕阳。

赏析：这首诗像一幅古代农村风俗画，先描写热闹的打谷场，然后转到安逸的老牛身上，通过对老牛的赞赏，抒发诗人长期蕴积胸中的郁闷之情。

【主讲人：卢烈红 武汉大学文学院 教授】

mài

麦

麦

『麦』字和『来』字原来是一对兄弟？

造字故事 ZAOZIGUSHI

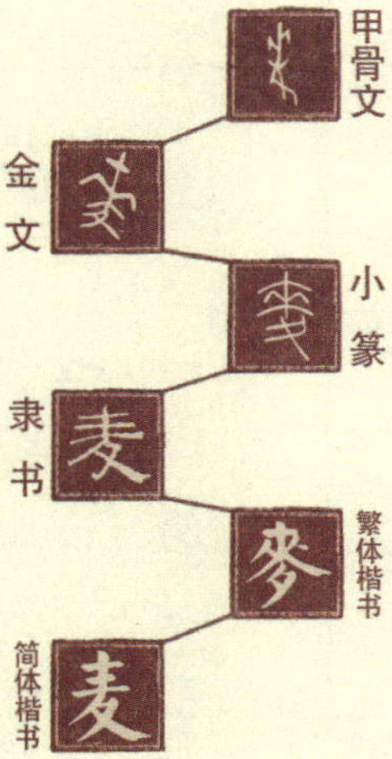

甲骨文的“麦”上面是个“来”，下面是一只脚趾朝下的脚，也就是倒写的“止”。甲骨文的“来”的写法是一棵麦子的形象，上部是穗，中间两侧是叶子，下面是根。

“来”的本义是小麦。那么，后来为什么改由

“麦”这个字来指称小麦呢？

麦 甲骨文　　来 甲骨文

有一种观点认为，“来”和“麦”两个字用反了。“麦”下部的倒“止”是一只脚趾朝下的脚，因此“麦”的本义跟行走有关，是“往来”“来去”这类意义的本字，也就是说，表达“往来”“来去”这类意思时应该用“麦”；而“来”本是一棵麦子的形象，是“麦”的本字，表达“麦子”这个意义应该用“来”。

“麦”字的金文和小篆都基本继承了甲骨文字形。

“麦”字在古代和今天都可以专指小麦，也可以泛指麦类作物，包括小麦、大麦、燕麦、黑麦。

文化故事 WENHUAGUSHI

有一个与麦相关的词语叫“麦饭石”，它指的是一种石头。明代李时珍的《本草纲目》描述了这种石头的特点，它在山间溪流中很容易找到，大小不等，有的像人的拳头，有的像鹅的蛋，有的像小杯子，

有的像饼。那为什么叫“麦饭石”呢?《本草纲目》的解释是:“大略状如握聚一团麦饭，有粒点如豆如米，其色黄白。”这是说，麦饭石因为从形状上看大略像是一个麦饭团，而且石面上有像豆子或米粒的粒点，石面颜色黄白相间，这些也与麦皮和麦碎粒混合而煮成的麦饭团的表面有相似之处，由于这些因素，它被冠以“麦饭石”的称呼。麦饭石有什么用途呢?它研成粉，是一味中药，具有解毒散结、去腐生肌等功效，经常用于治疗背部的痈疮。

观刈麦（节选）

唐·白居易

田家少闲月，五月人倍忙。
夜来南风起，小麦覆陇黄。
妇姑荷箪食，童稚携壶浆，
相随饷田去，丁壮在南冈。

赏析：这几句诗描写在五月这个麦收的农忙季节，妇女领着小孩去田里给正在割麦的青壮年送饭送水的场景。

【主讲人：卢烈红 武汉大学文学院 教授】

粱

高粱——古代帝王的『特供米』。

liáng

造字故事

ZAOZIGUSHI

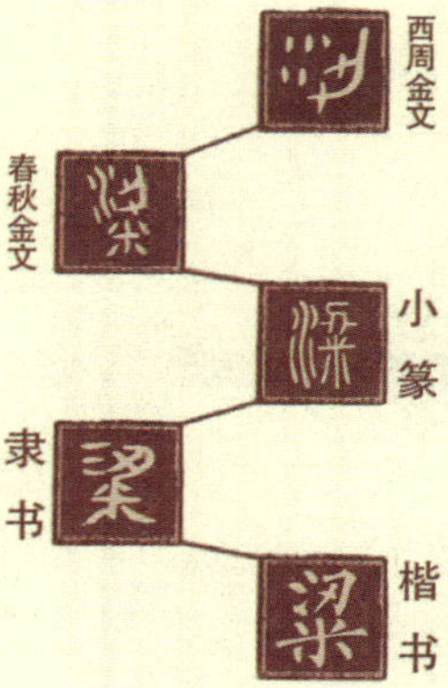

“粱”是一个形声字。在西周金文中，左边的“米”是它的形符，表示它是一种粮食，右边的“刅（chuāng）”是它的声符。声符“刅”有时也会省去两点写作“刀”。春秋金文的“粱”，所从的“米”挪到下方，左边

增添了“水”，与现在的“梁”字字形相比，所有构件已经凑齐了。“梁”字小篆的字形变化不大，在隶书字形中“梁”字上面的“办”字的两点简省为一点，变成了“刃”。唐代楷书基本沿袭了隶书的字形结构，笔画更加规整。

梁的本义是指高粱。《说文解字》说：“梁，米名也。”意思说梁是当时一种米的名称，也就是高粱米。梁字在早期文献里还是很常见的。比如《诗经·小雅·甫田》里记载：“黍稷稻粱，农夫之庆。”意思是，各种作物收成很好，农夫们也得到赏赐。“梁”字在古代还被用来指较为精细的米，引申为精美的食物。

文化故事 WENHUAGUSHI

司马迁在《史记·礼书》里说：“稻粱五味，所以养口也。”意思是说人们用以糊口的粮食谷物，都用“稻粱”来指代。在古代还专门有“稻粱谋”这个词语，比如唐代杜甫《同诸公登慈恩寺塔》诗：“君看随阳雁，各有稻粱谋。”说的是随着太阳迁徙的候鸟，只顾自己寻觅食物。我们知道古人喜欢委婉的表达方式，其实杜甫诗句中还隐含着一层比喻，批评那些只顾自我谋生的趋炎附势之人。

杜甫

咏史

清·龚自珍

金粉东南十五州，万重恩怨属名流。
牢盆狎客操全算，团扇才人踞上游。
避席畏闻文字狱，著书都为稻粱谋。
田横五百人安在，难道归来尽列侯？

赏析：此诗以当时东南一带上层社会生活为背景，对当时日趋颓废的社会风气作了充分的批评与讽刺。在这首诗中“稻粱谋”是一种隐晦的批评，讽刺那些趋炎附势之人，只顾自我谋生。

【主讲人：王准 湖北省社科院楚文化所 副研究员】

gǔ

谷

谷

『谷物』的『谷』和『山谷』的『谷』有什么区别？

造字故事

ZAOZIGUSHI

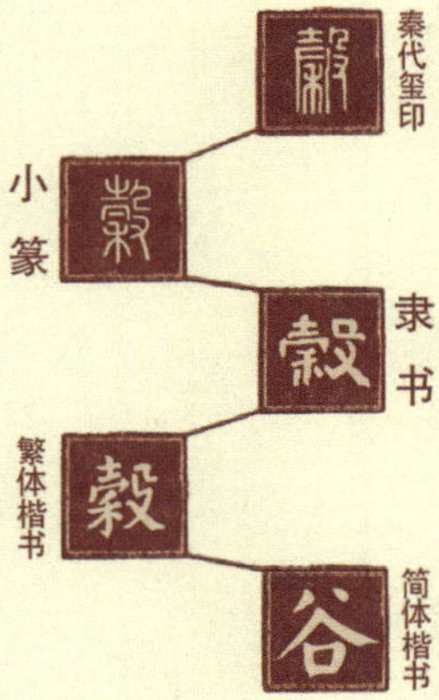

在古代，人们将粮食类作物统称为“五谷”，但是这个表示粮食的“谷”的繁体其实写作“穀”。在战国玺印文字中出现的“穀”字左下角的禾是它的形符，表示它是禾类作物，剩下的构件是它的声符。小篆字形以及汉代隶书字形中的“穀”，字形变化并不是很大。楷书中的“穀”字，只不过笔画更加整齐一些。

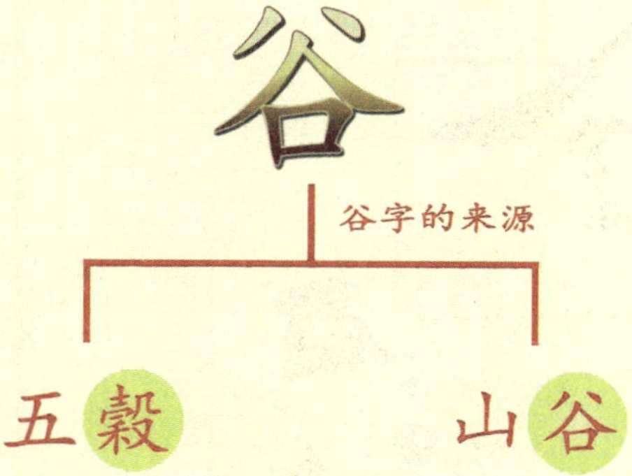

“谷”字在古代其实主要来源于两个古汉字：一个是五穀的“穀”，一个是山谷的“谷”。直到现代进行简化字改革后，两个字才合并到一起。表示山谷的“谷”，是一个象形字。比如《诗经·小雅·十月之交》里面说：“高岸为谷，深谷为陵。”意思是：高地变成深谷，洼地变成高山。

后世使用最多的“五谷”这个名词，最早应该出现于《论语·微子》的“四体不勤，五谷不分”。这是大家非常熟悉的句子了。到了战国时代，五谷的称呼变得普遍起来，说明春秋战国时代，我国的主要粮食作物种类已经基本定型。但是五谷究竟是哪五种谷物呢？在故宫博物院藏有一件新莽时期的铜方斗，上面刻有五谷图，五谷分别是禾、麻、黍、麦、豆。禾在汉代就是指粟，所以，在汉代人看来，五谷应该是指黍、稷（粟）、麦、豆、麻。

赠从弟（其二）

东汉·刘桢

亭亭山上松，瑟瑟谷中风。
风声一何盛，松枝一何劲。
冰霜正惨凄，终岁常端正。
岂不罹凝寒，松柏有本性。

赏析：全诗以简练的语言写出了松柏刚正不屈的鲜明形象，诗作中融入了对松柏的深深赞颂，其用意是以松柏比兴，象征诗人自己的性格与抱负。这首诗中出现的“谷”是“山谷”的意思。

【主讲人：王准 湖北省社科院楚文化所 副研究员】

茶

为什么订婚要送茶叶呢？

chá

茶

造字故事
ZAOZIGUSHI

tú

小篆 荼

茶 楷书

“茶”这个字出现得比较晚，甲骨文、金文中都没有出现“茶”字，甚至在《说文解字》中也没有“茶”这个字，只有一个“荼”（tú）字。北宋的学者徐铉（xuàn）说，“荼”就是今天的“茶”字。那么，荼和茶到底是

什么关系呢？“荼”字是怎么演变为“茶”字的呢？

“荼”字今天见到的最早字形是小篆，本义指的是苦菜。它是个形声字，上面的部分“艸”就是“草”字的本来写法，是形符，表明苦菜属于植物类别；下面是“余”，是表读音的声符。“余”字在今天跟“荼”字的读音差别比较大，但在古代，余和荼的读音却非常接近，所以可以用来作“荼”的声符。“荼”除了表示苦菜以外，还可以指茶叶、茶树，读音不变，清代学者朱骏声认为这属于词义引申。

荼 小篆

后来，荼这个字在语音上发生了分化，表示“苦菜”这个意义的时候读作tú，指“茶叶”“茶树”的时候，声母和韵母都有改变，在今天的读音是chá。“荼”字在字形上也发生了分化，把下部的“余”字中间的上面一横去掉，这样就有了“茶”字。

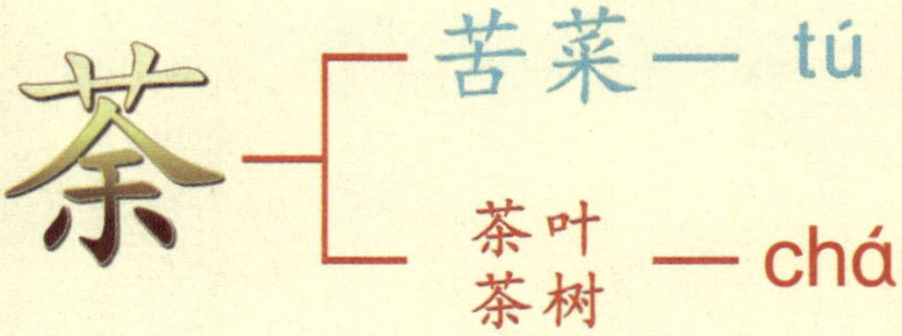

文化故事 WENHUAGUSHI

茶在古代可以作为男女订婚用的礼物。在古代中国的婚姻习俗里面，“茶礼”是一种很重要的习俗，“茶礼”指的就是订婚时男方送给女方的聘礼。因为其中一定要有茶叶，所以有这样的叫法。为什么订婚要送茶叶呢？茶树有两个特点，一是移栽到别的地方就活不了，二是会结很多籽。因此订婚时用茶叶作为礼物，有两个象征意义：一个是坚贞不移，从一而终，另一个是婚后多子。

山泉煎茶有怀

唐·白居易

坐酌泠泠水，看煎瑟瑟尘。
无由持一碗，寄与爱茶人。

赏析：在这首诗中，诗人似乎处在一种无所事事的状态，惟有以煎水煮茶为乐，还要把这种饮茶的享受传达给爱茶的友人。

【主讲人：卢烈红 武汉大学文学院 教授】

mǐ

米

米

不为五斗米折腰。

造字故事 ZAOZIGUSHI

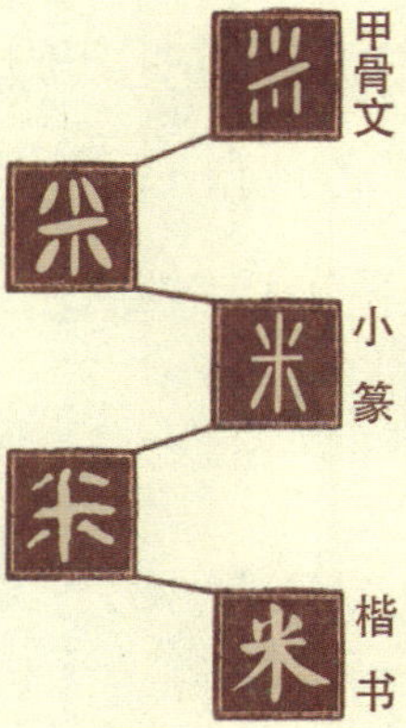

甲骨文当中的“米”是一个象形字，像一段有米粒的谷穗。《说文》解释说：“米，粟实也。象禾实之形。”意思是说它是粟的籽实。金文的形体与甲骨文相近。小篆的“米”字将金文字形中间的上下两颗粟子连写，而与横画共同构成十字，隶书则写成了“木”字上方加两点，此后“米”的字形基本固定下来。

古人说米的时候一般是指小米。今天的人们说米的时候指的是大米，跟粟的籽实小米相区别，稻的籽实比较大，所以称为大米。

跟米有关的字，比如“糗”，它的本义是炒熟的米、麦等干粮，为了便于路上吃，有的“糗”还要磨成粉。这些干炒的米麦有一股香味，所以“糗”这个字从“臭”。“臭”的本义是指气味，这里表示可以闻到它的味道的意思。

“糍”字也与“米”有关，用“米”作意符。糍粑是南方常见的食品，把糯米蒸熟捣碎以后压制而成。“糍”的异体字写作“餈”，上面是“次”，从“次”往往有细密、紧实的意思，比如“瓷实”的“瓷”。“糍粑”是被压制成细密紧实的饼状食品，所以称“糍”。

米是人们日常生活中不可缺少的基本物品。历代的经济发展都不能忽视粮食对百姓生活的影响。

当年白居易刚到长安应举的时候，把自己的诗作上呈给当时的大诗人顾况，希望能够得到提携。顾况看了看他的诗集上面“白居易”这个名字，说：“米价方贵，居亦弗易。”意思是说长安米价正贵呢，你要想在这里住下来，不容易啊。这是拿他名字中的“居易”来开玩笑。但是当他打开白居易的诗，看到了第一篇“离离原上草，一岁一枯荣，野火烧不尽，春风吹又生”时，马上就说：“道得个语，居即易矣。”意思是说能够写出这种好诗的,居住下来是很容易的啊。这个典故后来称为“长安米贵，居大不易”，表示大城市生活费用昂贵，不易生活。

解闷十二首（其二）

唐·杜甫

商胡离别下扬州，忆上西陵故驿楼。
为问淮南米贵贱，老夫乘兴欲东流。

赏析：诗人用调侃的语气说自己也想像商人一样，借着看看南方米价贵贱的目的去扬州游玩。

【主讲人：王洪涌 华中师范大学文学院 副教授】

面

『面粉』的『面』和『脸面』的『面』原来无关！

miàn

面

造字故事 ZAOZIGUSHI

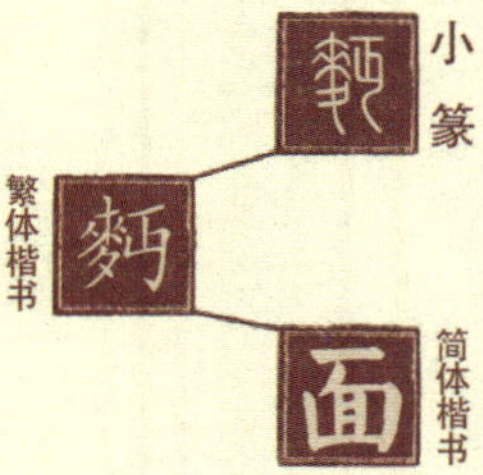

今天我们看到的“面”字，它的本义是表示面部、脸面，它的甲骨文是一个指事字，中间像是一个眼睛的形状，在眼睛外加了一个指事性的线框，代表脸廓。我们平常所说的“洗面奶”“洁面乳”中的“面”都还保

留了“脸”的意思。

面 甲骨文

今天表示吃的面食的“面”，汉字简化前，写作“麪”，或者是“麵”，跟脸面的“面”是两个不同的字，仅仅是因为读音相同，就借用“脸面”的“面”做了“米面”的“麪”的简化字。

文化故事

WENHUAGUSHI

麦子原本是亚洲西部的一种农作物，引进到中国的时候，中国已经进入农耕文明阶段，北方以种植粟、黍为主，南方以种植水稻为主。汉代时期，小麦磨成的面粉就可以做成多种细粮。东汉以后，小麦的种植范围扩展到长江以南。明代末年，中国北方人一半的口粮来自麦子。

古人说的“饼”，是面食的总称。汉代刘熙《释名》说：“饼，并也。溲（sōu）面使合并也。”也就是说，把面加上水，使面和水合并在一起，再加工而成的食物就叫“饼”。

《水浒传》武大郎卖的“炊饼”是什么饼？其实就是蒸饼。因为宋仁宗庙号叫“贞”，“贞”“蒸”发音比较接近。为了避讳，就把“蒸饼”叫做“炊饼”了。另外，在古代面食带汤的叫“汤饼”，包括今天我们说的面条、面片、馄饨等等。

生酒歌（节选）

宋·杨万里

煮酒只带烟火气，生酒不离泉石味。
石根泉眼新汲将，面米酿出春风香。
坐上猪红间熊白，瓮头鸭绿变鹅黄。
先生一醉万事已，那知身在尘埃里。

赏析：诗人借酒浇愁，表达了怀才不遇、不被尘世所理解的伤感。

【主讲人：王洪涌 华中师范大学文学院 副教授】

羔

『羔』字最初画的是烤全羊。

gāo

羔

造字故事

ZAOZIGUSHI

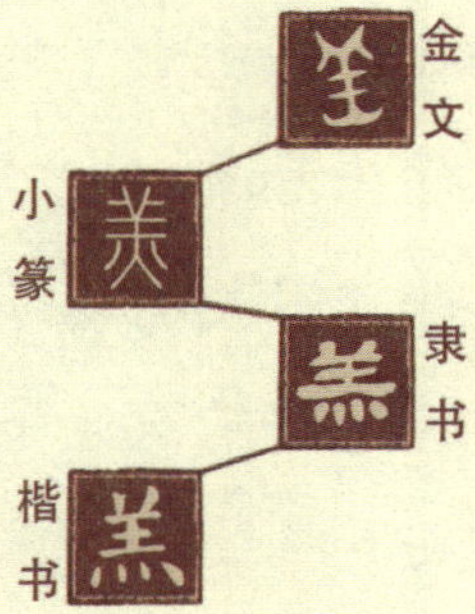

“羔”的金文，上部是“羊”，画了一个羊头，下部是“火”的象形。整体表现的是用火烤羊。《楚辞·招魂》中有“炮羊”一词，就是烤全羊的意思，而所烤整羊往往都是小羊。因为小羊肉嫩味美，是最适合烤炙的。

小篆“羔”字下部的“火”字表意更为清晰。到了隶书、楷书，“羔”下部的“火”变为“灬”形。

羔 金文

文化故事

WENHUAGUSHI

汉字以“用火烤羊”的形体表示小羊的概念，可是，同样作为家畜的牛和马，却并没有用类似的“用火烤牛”和“用火烤马”来表示小牛和小马的概念，而是以不同的造字原则，用“犊”和“驹”来表示。这实际上折射出马、牛、羊在古代社会生活中的功用和文化内涵的不同。在中国古代社会，马主要用于运输和作战，牛主要用于农耕，至

于羊这种温顺的动物，其主要作用就是供给人们膳食。《说文解字》中不止一次提到，羊“主给膳也”“所进也”，说的都是羊供给食物的功能，“羔”字正是羊这一功用在汉字结构中的呈现。而牛和马主要不是用来吃的，所以自然不能用跟“羔”相同的思路来造表示“小牛”和“小马”的字。

诗经·郑风·羔裘

羔裘如濡，洵直且侯。彼其之子，舍命不渝。
羔裘豹饰，孔武有力。彼其之子，邦之司直。
羔裘晏兮，三英粲兮。彼其之子，邦之彦兮。

赏析：羔裘是古代卿大夫上朝时穿的衣服，诗歌以衣喻人，通过刻画羔裘润泽光鲜，赞美了一位正直勇敢、宁死不屈、不渝操守的官员。

【主讲人：杨荣祥 北京大学中文系 教授】

羞

『羞』字是指一只长得丑的羊吗？

xiū

造字故事

ZAOZIGUSHI

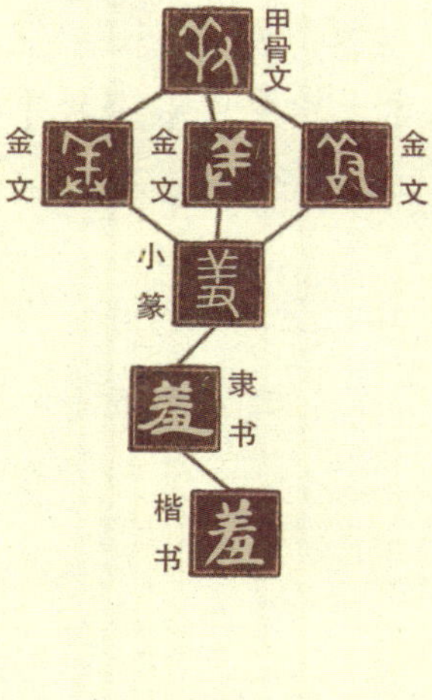

“羞”字由“羊”字和“丑”字构成，但是这个丑可不是美丑的意思。“羞”的甲骨文左边是一只羊，右边是一只手，写成“又”，“又”的本义就是右手，用“手持羊”来表示进献之意，“羊”表示所进献之物。

我们知道，羊在古代社会中的功用是供给膳食，也就是说，羊主要是用来吃的，或者给祖先神灵吃，或者给人吃，所以“羞”字的本义是进献食品，而不是进献财物或其他。

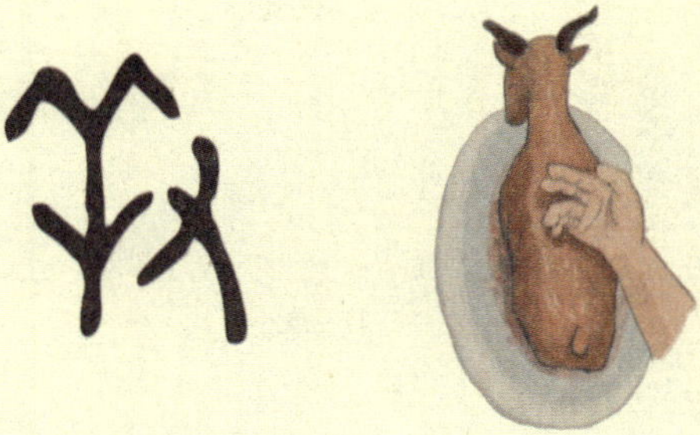

小篆的形体其实也是手持羊，只是手形与“羊”的最后一竖笔相交，偶然成了另外一个字——丑。后来“羞”字索性就直接写成分开的“羊”和“丑”了。

其实，“丑”也是手爪之形，甲骨文写成，跟“又”相比，手指上多出了长长的指甲。小篆字形上下指甲连成一条线，就成了，隶变后写成“丑”，已经看不出手爪形了。

文化故事 WENHUAGUSHI

“羞”字的本义是进献食品，虽然字形限于羊，但意义上不限于羊，羊只是用来泛指食物而已。比如张衡《思玄赋》“羞玉芝以疗饥”，意思是“进献灵芝草以止住饥饿”。“羞”由进献食品之义引申为所进献的精美食品。如《周礼·天官·膳夫》：“膳夫掌王之食饮膳羞。”郑玄注：“膳，牲肉也；羞，有滋味者。”“羞”又可以泛指食物，如《周礼·天官·大宰》：“四曰羞服之式。”郑玄注：“羞，饮食之物也。”这几个意义后来都写作“馐”，它是在羞产生了“羞耻”等含义后，专门造出来分化食物这个含义的。至于“羞耻”的“羞”，与“进献”之义无关，是“羞”的假借义。

题乌江亭

唐·杜牧

胜败兵家事不期，包羞忍耻是男儿。
江东子弟多才俊，卷土重来未可知。

赏析：这首诗表达了对项羽负气自刎的惋惜与批判，诗人认为兵家须有远见卓识和不屈不挠的意志。

【主讲人：杨荣祥 北京大学中文系 教授】

羡

『羡』的本义是看到羊肉流口水？

xiàn

羡

造字故事

ZAOZIGUSHI

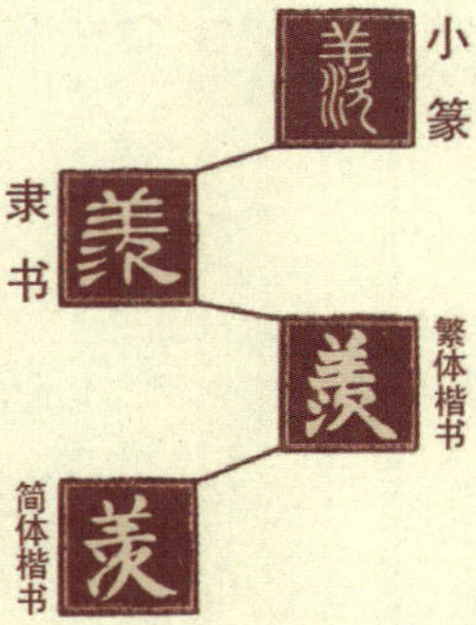

“羡”字目前能看到的最早形体是小篆，小篆写成上“羊”、下“次”。这个“次”其实就是垂涎的“涎”字本来的写法。甲骨文“涎”字（ ）右边是面朝左跪坐的一个人，张开嘴巴，左边是口中流出的口水。见到美味很馋，但又吃不上，于是“垂涎三尺”。我们现在使用的“涎”字，最早见于东汉碑文，是“次”的后起异体字，使用了形声的造字原则，“涎”字产生后，逐渐代替了原来会意的“次”。

“羡”字中的“羊”代表美味，“次”表示流口水，看见羊肉流出口水，表示眼馋、贪慕、想要得到的意思。

“次”的简化字是“次”，于是有了现在的简体“羡”字。

文化故事 WENHUAGUSHI

“羡”字从羊，但它的意思并不是说想要得到羊肉，作为形符的“羊”在这里符号化了，指代一切能够引起人贪欲的事物，这个事物可以是具体的，也可以是抽象的。比如《淮南子·说林训》：“临河而羡鱼，不如归家织网。”意思是与其站在水边看着鱼

流口水，不如回家去结网。

孟浩然《望洞庭湖赠张丞相》中的“坐观垂钓者，徒有羡鱼情”，就化用了这个典故，它的上一联是“欲济无舟楫，端居耻圣明”。诗人说自己想要渡河却没有船，自己“羡鱼”并不是羡慕鱼，而是看着别人钓鱼，自己连鱼竿都没有，只能对着鱼眼馋而已。不过无论是渡河的船，还是钓鱼的竿，都只是暗喻他想入仕做官，却苦于无人引荐。他写这首诗给当时的丞相张九龄，就是希望张丞相能为他引荐。

石榴

唐·李商隐

榴枝婀娜榴实繁，榴膜轻明榴子鲜。
可羡瑶池碧桃树，碧桃红颊一千年。

赏析：这是一首情诗，通过歌咏石榴花的娇艳、石榴籽的甘甜，表达了对心上人深深的爱恋。

【主讲人：杨荣祥 北京大学中文系 教授】

群

为什么用羊来造群字？

qún

造字故事 ZAOZIGUSHI

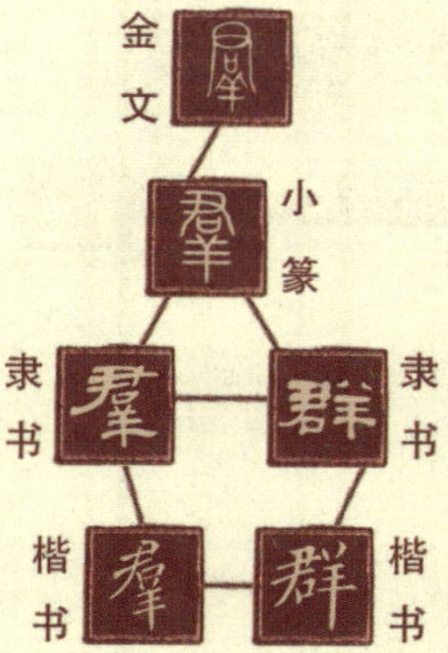

现在能看到最早的“群”字是春秋时期的金文。这是一个形声字，上面是“君”，是声符，表示字的读音，下面是“羊”，是形符，指示字的意义与羊有关。

在战国时期，各诸侯国文字异形，“群”的

形体发生了不同的变异，但到秦代，小篆的“群”仍然继承了金文的结构，写成上君下羊的“羣”。隶变后有“羣”和“群”两种写法，现代整理汉字时，以“群”为正体，把“羣”作为异体字淘汰了。

群 金文

《说文解字》中说：“群，辈也。”即很多同类的事物形成的集体。“群”字从“羊”，本义是羊群，如《诗经·小雅·无羊》：“谁谓尔无羊，三百维群。”更多的时候使用的是引申义，指聚集在一起的动物、人或事物。既然“群”表示同类物，那么，用别的动物，比如牛、马等作偏旁行不行呢？答案是否定的。《说文解字》的“群”字下徐铉注：“羊性好群，故从羊。”明确指出了“群”字选取“羊”，就是看中了羊喜好群聚的特征。

文化故事 WENHUA GUSHI

羊群是一种很散乱的组织，平时在一起也是盲目地左冲右撞。

但一旦有一只头羊动起来，其他的羊也会不假思索地一拥而上，全然不顾前面可能发生什么事。心理学上有一个概念就叫“羊群效应”，又称“从众效应”，用来比喻人都有一种从众心理。相对来说，牛马等虽然也群居，但并不像羊一样喜欢扎堆儿行动，所以不用牛或马来造“群”字。

卜算子·咏梅

宋·陆游

驿外断桥边，寂寞开无主。
已是黄昏独自愁，更著风和雨。
无意苦争春，一任群芳妒。
零落成泥碾作尘，只有香如故。

赏析：诗人巧借饱受摧残、花粉犹香的梅花，比喻自己虽终生坎坷，但绝不媚俗的忠贞气节。

【主讲人：杨荣祥 北京大学中文系 教授】

dǐng

鼎

鼎

为什么说话算数、有分量叫做『一言九鼎』？

造字故事 ZAOZIGUSHI

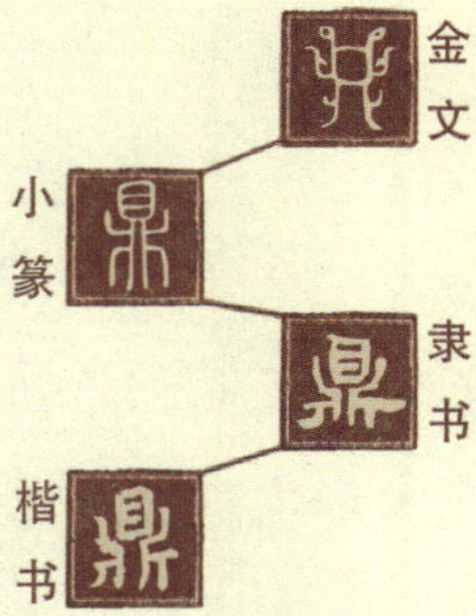

“鼎”是一个象形字。金文中的“鼎”字完美刻画了一个有足、有耳、宽腹的鼎的形象。小篆的“鼎”承袭了金文字形，进一步线条化，上面的“目”表示鼎腹，下面是鼎足。此后隶书、楷书以及简化字的形体变化不大。

鼎在古代是一种贵重的饮食器具，既可以烹饪生食，也可用来盛放熟食。鼎只有古代贵族才能使用，普通百姓是没有资格用的。商周时期，鼎往往被放置在宗庙里，作为祭祀时使用的礼器，盛放宰杀的牲畜，以供祖先享用。而鼎的内部也常常刻有铭文，也就是金文，用来记录祖先的德行、功烈、勋劳，让子子孙孙世代铭记。

父己尊铭文的鼎字

文化故事 WENHUAGUSHI

按照周朝的礼制，唯有天子可用九鼎，诸侯只能用七鼎，大夫和士人依次递减。比如著名的战国曾侯乙墓，除了出土规模宏大的编钟之外，还出土了成组合的九鼎。这九鼎还不是随便找来的九只鼎凑一块，而是形制相同、从大到小、组合成套，是非常讲究的。曾侯乙乃一介诸侯，却使用了九鼎，显然是僭越了当时的礼制，在战国时期这已经是普遍现象了。九鼎是用来形容国家的宝器，于是产生了“一言九鼎”这个成语，表示一句话产生巨大力量。

《祭汾阴乐章》

唐 · 崔玄童

聿修严配，展事禋宗。
祥符宝鼎，礼备黄琮。
祝词以信，明德惟聪。
介兹景福，永永无穷。

赏析：整首诗歌描写了古人祭祀时的庄严场景。诗中的“宝鼎”指的是祭祀时所用的一种礼器“鼎”。

【主讲人：王准 湖北省社科院楚文化所 副研究员】

豆

dòu

豆

『豆』的前世今生大不相同。

造字故事

ZAOZIGUSHI

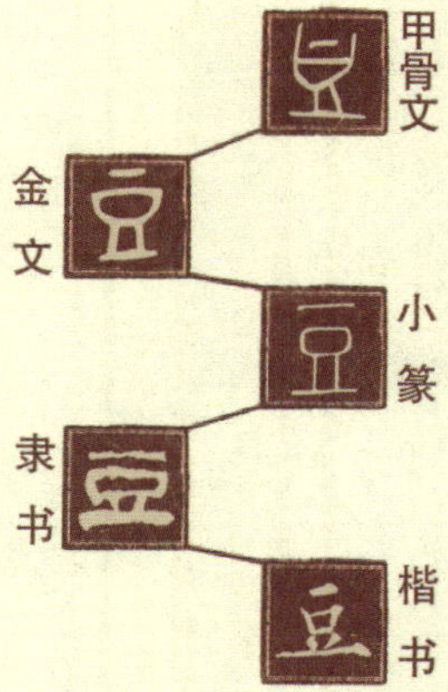

甲骨文的“豆”是一个象形字，上部像一个浅盘，下部是它的高柄圈足。金文中“豆”字的形体与甲骨文相似。小篆与隶书承续金文形体，书写进一步线条化。字形发展到楷书，下半部分表示高柄圈足的“八”字形演变

成了倒“八”字，就成为我们今天的“豆”字。

豆 → 假借 → 菽

豆字在今天指豆类植物，或者形状像豆的事物，那么豆字是怎么从古代饮食器具衍生出这样的意思的呢？这来源于古人对豆字的假借使用。战国以后的人们假借“豆”字用来代替五谷中的“菽（shū）”字，表示豆类作物及其果实，从此“豆”字的含义发生了大转折。北魏著名农书《齐民要术》记载道：“四月时雨降，可种大小豆。”可见，当时的人们已经有丰富的种植经验。

文化故事 WENHUAGUSHI

与我们之前所讲的鼎一样，在最初的时候“豆”也被用作一种礼器，并根据使用者的身份高低决定使用的数量多少，多者为贵。比如在《礼记·礼器》篇中记载道：

“天子之豆二十有六，诸公十有六，诸侯十有二，上大夫八，下大夫六。”天子可以同时用26件“豆”，公侯、大夫依次递减。为什么要用到这么多“豆”呢？因为不同的食物，必须搭配不同的酱料。使用的豆越多，就说明调味品的种类就越丰富，越能体现使用者身份的高贵。

曾侯乙铜盖豆

相思

唐·王维

红豆生南国，春来发几枝。
愿君多采撷，此物最相思。

赏析：这是一首借咏物而寄相思的诗歌，借红豆来表达对友人的思念。诗中的“红豆”所指的是一种植物。

【主讲人：王准 湖北省社科院楚文化所 副研究员】

zūn

尊

尊

尊敬的『尊』原来是古人的酒杯？

造字故事 ZAOZIGUSHI

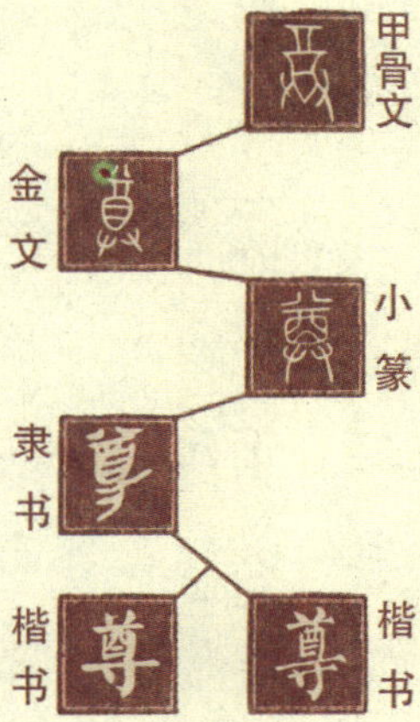

“尊”是一个会意字。甲骨文的“尊”字描绘双手捧着酒器的形象，中间表示盛着酒的容器，就是“酉”字，下部是双手合捧的样子。金文中的“尊”上面的“酉”被加上两笔，写成了“酋”。小篆的形体与金文相似，并出现了下部省略为“寸”的写法。隶书下部为“寸”的字形已经流行，逐渐演变为今天的“尊”字。

尊的本义是一种用来盛酒的礼器，尊的体型比饮酒用的爵、杯等饮酒器要更大。在《说文解字》中记载：“尊，酒器也。从酋，廾以奉之。”意思是，“尊”是把盛酒器用双手恭恭敬敬地捧起来。据《周礼》记载，尊的用途都是“以待祭祀、宾客”，所以“尊”字可以引申出盛酒举行祭祀或宴享宾客的意思。

文化故事 WENHUAGUSHI

古代的“尊”究竟长什么样子呢？湖南出土的著名的商代四羊方尊，是现存最大的商代青铜方尊之一。它的口非常大，像是一个大喇叭，从口部开始收缩，肩部四角伸出4只卷角羊头，腹部微微鼓起，下面是高高的圈足，尊上面还饰以高浮雕的夔纹与兽面纹，异常精美。除了方形之外，尊也有圆形的，甚至还有不少制作成鸟兽等特异造型的，非常惹人喜爱。

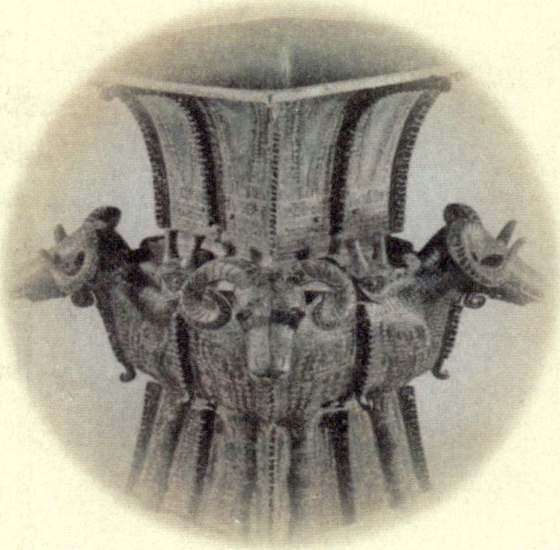

四羊方尊

将进酒（节选）

唐·李白

君不见，黄河之水天上来，奔流到海不复回。
君不见，高堂明镜悲白发，朝如青丝暮成雪。
人生得意须尽欢，莫使金樽空对月。
天生我材必有用，千金散尽还复来。

赏析：这首诗是李白当时在长安被流放以后所作的，诗人豪饮高歌，借酒消愁，抒发了忧愤深广的人生感慨。“金樽”的“樽”与“尊”通用，表示酒杯。

【主讲人：王准 湖北省社科院楚文化所 副研究员】

壶

『壶』中更有一片天。

hú

壶

造字故事 ZAOZIGUSHI

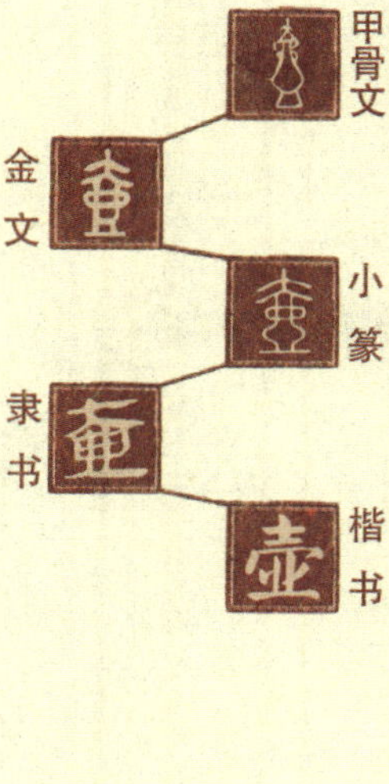

甲骨文的“壶”是一个象形字，刻画了古代壶的样子，突出了圆滚滚的腹部和顶部的盖子。金文中的“壶”字依然保留了壶的象形特征，与甲骨文相比更加线条化。小篆和隶书的形体与金文相似。字形发展到楷书，上部的壶盖演变分拆成“士”与“冖”，逐渐演变为简化字的形体。

曾仲斿父壶

壶是古代盛放酒水等液体的容器。《诗经·韩奕》记载“清酒百壶”，说的是大夫显父用一百壶好酒为韩侯饯行。不少出土的青铜壶上刻有“醴壶”的铭文，醴就是酒。所以壶常常用来盛放美酒。也有少部分的青铜壶用于汲水和盛水，被称为“汲壶”和“盥壶”，用途与酒壶不同。

文化故事 WENHUAGUSHI

壶字也常常与“瓠”字相通。瓠就是瓠瓜，也叫葫芦。《诗经·豳风·七月》记载“七月食瓜，八月断壶”，这里的壶就是瓠瓜。葫芦那奇特的外形，使得它在许多古代传说故事中成为神奇无比的法器。后来人们就用“壶天”“壶中天”“玉壶”来形容常人未见的仙境与胜景，比如白居易写过：“谁知市南地，转作壶中天。”

壶 通假 瓠

瓠指瓠瓜 也叫葫芦

渔父（其一）

南唐·李煜

浪花有意千重雪，桃李无言一队春。
一壶酒，一竿纶，世上如侬有几人？

赏析：这首词题画抒怀、借景寓意，表现出作者对隐逸生活的向往和满足。“一壶酒”指的是一壶香醇的美酒。

【主讲人：王准 湖北省社科院楚文化所 副研究员】

杯

bēi

杯

古人手中小小的酒杯除了喝酒还能做什么？

造字故事

ZAOZIGUSHI

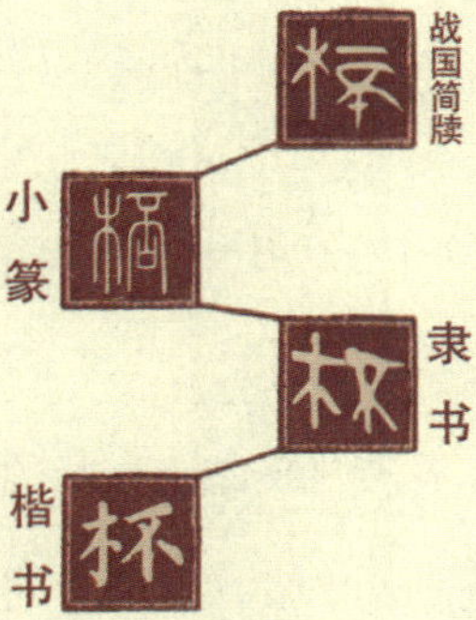

“杯”是一个形声字。战国简牍文字中的形体左边是“木”，是它的形符，右边的“不”是它的声符。小篆的“杯”作为声符的“不”下方添加了“口”变成了“否”。

隶书中“杯”字的声旁有“不”“否”“丕”等

多种写法。到了楷书中多写作“从木，不声”的“杯”。

耳杯

因为商周金文中没有“杯”字，古籍中也未曾记载商周时期杯的形状，所以商周青铜器中的杯究竟是什么模样，还不能确定。诸多文物之中，只有“耳杯”自名为杯是确定无疑的。耳杯是战国秦汉时期常用的饮酒器，又称为“羽觞”。

文化故事 WENHUAGUSHI

在《三国演义》的第四十五回中，周瑜设宴款待远道而来的刘备，埋伏了500名刀斧手，准备刺杀刘备；第五十四回，吴国太甘露寺相亲，孙权又准备在酒席上刺杀刘备。这两场刺杀都没能出手，但“掷杯为号”却成为席间动手的重要信号。

掷杯为号

月下独酌（节选）

唐·李白

花间一壶酒，独酌无相亲。
举杯邀明月，对影成三人。
月既不解饮，影徒随我身。
暂伴月将影，行乐须及春。

赏析：这首诗歌展现了诗人怀才不遇的寂寞，以及放浪形骸、狂荡不羁的性格。

【主讲人：王准 湖北省社科院楚文化所 副研究员】

盘

最初的盘子竟然不是用来吃饭的！

pán

造字故事
ZAOZIGUSHI

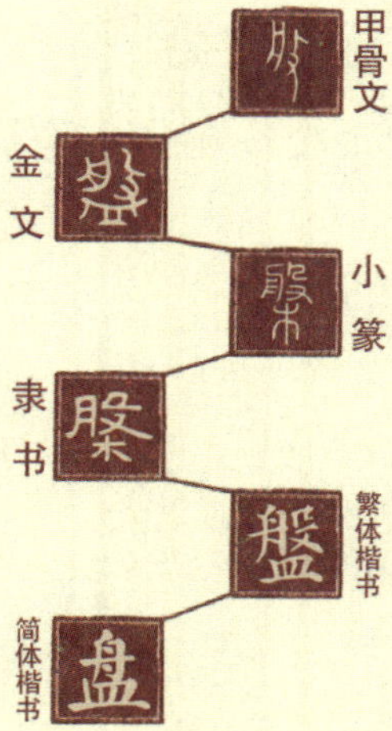

甲骨文的“盘”左边像一个盘的形状，右边是“攴”，像手持长棍敲击的样子。金文中左边部分被讹写为“舟”字，又在下方加上了“皿”，强调它作为器皿的功能。小篆的形体把下部的“皿”换成“木”。楷书中又恢复了下部从皿的写法。汉字简化时，上部只保留“舟”字的写法。

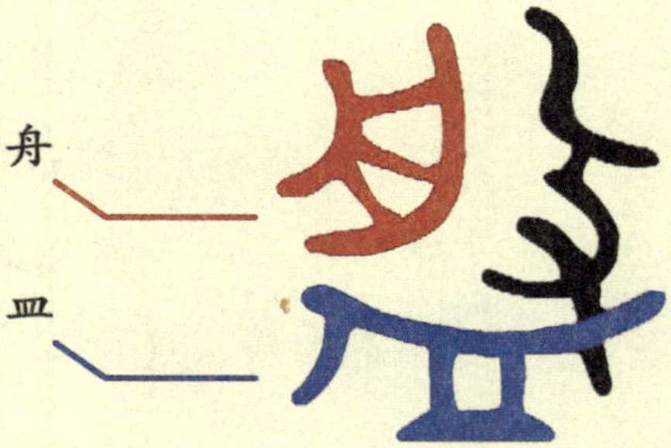

盘 金文

“盘”字在古代有多种写法，其中一些依据盘的材质发生演变。比如先秦时期的盘多用青铜制作，所以产生了从“金”的“鎜”字。汉代以后，大多用木制作，于是产生了从“木”的“槃”字。盘的形状没有改变，但人们乐于随着材质变化而使用新的字形。

文化故事 WENHUAGUSHI

《礼记·内则》中记载:“进盥,少者奉盘,长者奉水。”是说盥洗的时候,有宴会的侍从,一个拿着匜(yí)在上面缓慢倒水,另一个捧着盘在下面接水,滴水不漏。宾客享受着服侍,舒舒服服地就能把手清洗干净。因为盘与匜是配套使用的器具,所以出土时也往往是组合成套的。

青铜盘匜组合

古朗月行(节选)

唐·李白

小时不识月,呼作白玉盘。
又疑瑶台镜,飞在青云端。
仙人垂两足,桂树何团团。
白兔捣药成,问言与谁餐?

赏析:诗人运用浪漫主义的创作方法,通过丰富的想象,巧妙地加工神话传说,用强烈的抒情,构成瑰丽神奇而含意深蕴的艺术形象。

【主讲人:王准 湖北省社科院楚文化所 副研究员】

lú

炉

炉

除了做饭、取暖，炉子在古代还有什么用处？

造字故事 ZAOZIGUSHI

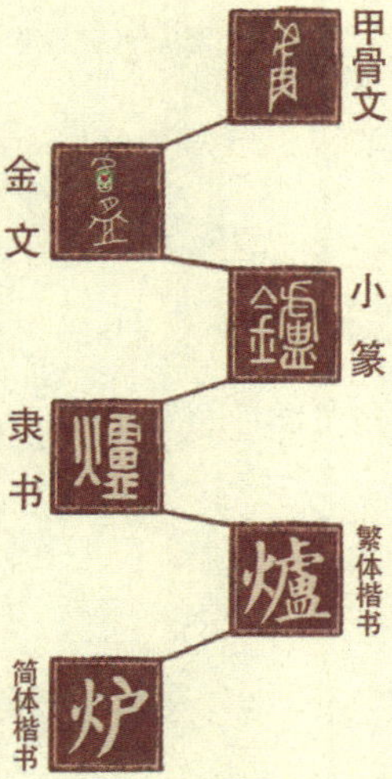

甲骨文里表示炉子的字是一个形声字，上面是声符“虍（hū）”，提示这个字当时的读音。下面画了一个炉子，炉身和炉脚都画得非常的清楚。

金文在甲骨文的基础上增加了新的部件，有两个字形，一种加了皿，一种加了金。“炉”是盛火的器具，所以有从皿的写法，而炉子是金属质地，这样又有从金的字形。

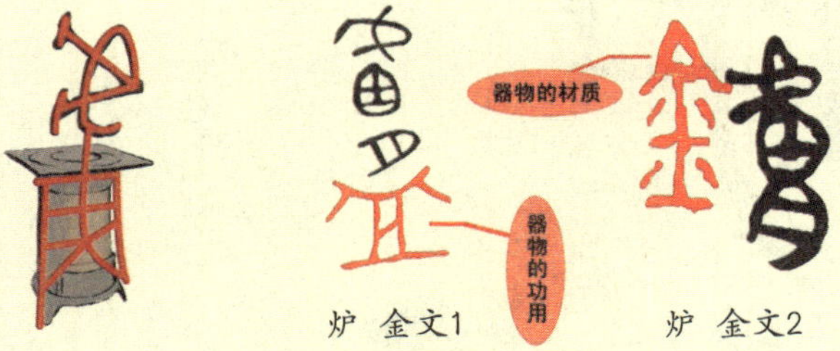

炉 金文1　　炉 金文2

金文的“炉”字除去“皿”和“金”部分，其实来源于甲骨文，但在流传的过程中，由于笔形的变化，原本象形的部分已经不太像炉子了，于是和“虍”就融合成了一个新的声符，为“膚（lú）”。这样，“膚”与提示意义的皿或者金就组成了一个新的形声结构。

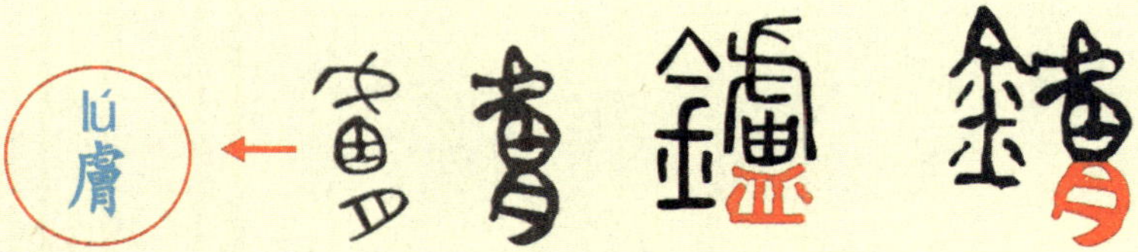

炉 小篆　　炉 金文

小篆中炉的字形与金文中从金的字形较为接近，但声符“膚”下面的“月（肉）”变作了“皿”，也就成了“盧”。

因为炉子是盛火的器具，所以有人把“鑪”的金字旁改为火字旁，于是就出现了俗体字形“爐”。唐宋以来，从火的“爐”使用得就比较多了。

汉字简化时，采用现代群众造的字形，把一部分字形中的“盧”简化成了“户”，所以“爐”就被简化成了“炉”。

古人崇尚焚香，焚香自然得用到香炉。

香炉的用途主要有三：一是熏衣；二是书房或厅堂里面使用；三是敬佛祭祖。文人雅士常常于书案之上点一炷清香，于幽香中任思想在书籍里遨游，若有佳人相伴，更是感到人生的圆满，所以“红袖添香夜读书”是很多古代文人的梦想。除了做饭、取暖、焚香这些基本的用途，炉子在古代还被用来炼丹和锻造武器。在《西游记》中，被奉为道教始祖的太上老君拿孙悟空炼丹，结果给他炼出了火眼金睛和铜头铁臂。传说炼丹时，炼至炉火呈现纯洁的青色时方可成丹，后来人们用“炉火纯青”来比喻知识和技艺达到了博大精深的境界。

望庐山瀑布

唐·李白

日照香炉生紫烟，遥看瀑布挂前川。
飞流直下三千尺，疑是银河落九天。

赏析：诗人以高度夸张的艺术手法，将飞流直下的瀑布描写得雄伟奇丽、气象万千。

【主讲人：谭飞 中南财经政法大学中文系 副教授】

炙

古人烧烤有什么讲究？

zhì

炙

造字故事 ZAOZIGUSHI

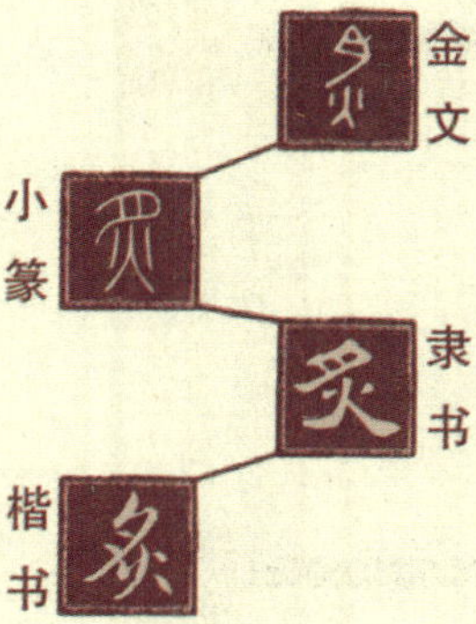

“炙”是一个会意字。《说文解字》说：“炙，炮肉也。从肉在火上。”根据考古学家的研究，人类大概在150万年前开始用火。因为有了火，人类开始吃熟食，使得大脑容量增加，体质增强。而用火来加工食物最

简单、直接的办法，就是炙烤法。

“炙”的金文上面是“肉”，下面是“火”，形象地表达了早期的人们用火来烤制食物的情景。

小篆中“炙”的形体保留了上部是“肉”，下部是“火”的结构。隶书、楷书以及我们现在简化字中“炙”的字形变化不大，上面是变化的“肉”字，下部是“火”。

文化故事 WENHUAGUSHI

贾思勰的《齐民要术》中专门有一节《炙法》，讲各种可以炙烤的动物及炙烤的方法。北方的烧烤有牛肉、猪肉、羊肉、鹿肉等，南方的烧烤里除了上面这几种外，还有禽类、鱼类和贝壳等。《齐民要术》里还记载有肝炙、腩炙和牛胘（xián）炙等，就是烤牛肝、牛腩和牛百叶。烧烤食物的种类是相当丰富的。

比如“炙豚法”，就是把乳猪宰杀洗净，用小火烤，一圈一圈转动。然后再涂上几遍清酒，变色后再涂上猪油或者麻油，烤好后的乳猪颜色同琥珀一样，这种方法跟现代的“烤乳猪”很像。

破阵子·为陈同甫赋壮词以寄之
（节选）
宋·辛弃疾
醉里挑灯看剑，梦回吹角连营。
八百里分麾下炙，五十弦翻塞外声，
沙场秋点兵。

赏析：词人通过创造雄奇的意境，抒发了杀敌报国、恢复祖国山河、建立功名的壮怀。

【主讲人：王洪涌 华中师范大学文学院 副教授】

煮

zhǔ

煮

『煮』字原来这样多姿多彩！

造字故事

ZAOZIGUSHI

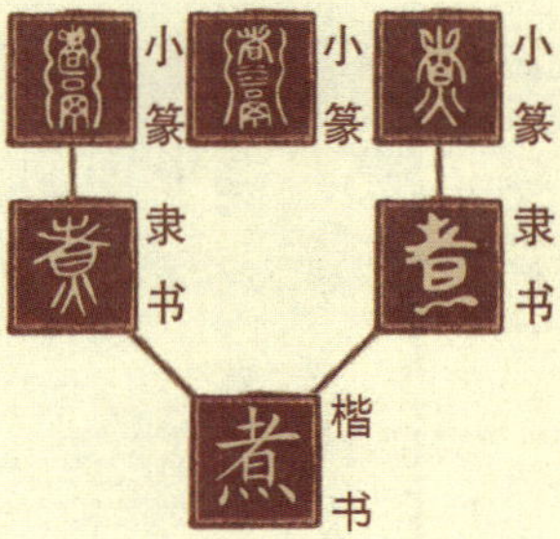

《说文解字》中收了“煮”的三个小篆形体：第一个形体是从鬲（lì），者声，是形声字，强调了要有容器；第二个形体把“鬲”改成了“火”，从火者声；第三个形体是在第一个形体的中间加上了“水”，强调了煮食物

必须要有水。从这几个形体可以看出，“煮”的意思是把东西放在容器里，加上水，放在火上，使食物变熟。

通过加水烧热来使食物变熟，是古人烹饪方法的一大改变。比起以前的炙烤，食物更容易熟了。

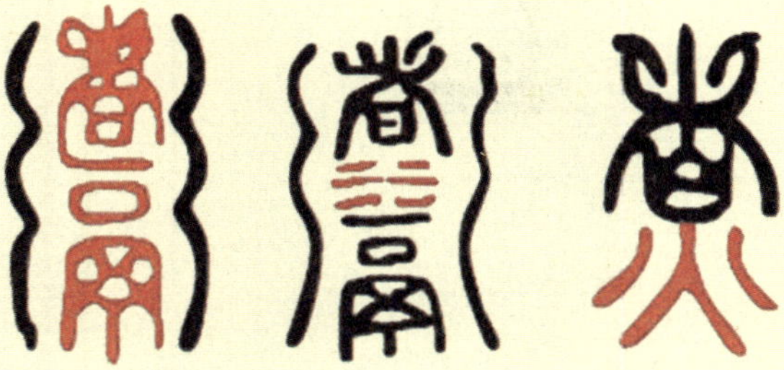

有了加水烹煮的方法之后，人们在烹煮的基础上又产生了炖、煎、熬、卤、烧、煲、汆、涮等烹饪方法，极大地丰富了我们烹饪食物的方式。有人说，在中国的烹饪方法中，如果把“炙”看作是烹饪之父的话，那“煮”可以算作是烹饪之母了，可见“煮”在烹饪文化中所占据的重要地位！

关于煮的故事，人们往往会想到历史上有名的《七步诗》：“煮豆持作羹，漉菽以为汁。萁在釜下燃，豆在釜中泣。本自同根生，相煎何太急？”相传当时已经当了皇帝的曹丕，让弟弟曹植在七步之内作好一首诗，否则就要杀他的头。面对兄长的威逼，曹植的脑子里浮现的就是日常生活当中煮豆的情景。这首源自生活的诗，据说最终让曹植免于杀身之祸。

七步诗

三国魏·曹植

煮豆持作羹，漉菽以为汁。
萁在釜下燃，豆在釜中泣。
本是同根生，相煎何太急？

赏析：这首诗用同根而生的萁和豆来比喻同父共母的亲兄弟，用萁煎其豆来比喻同胞骨肉的哥哥曹丕残害弟弟的行为，表达了曹植对兄长曹丕的强烈不满。

【主讲人：王洪涌 华中师范大学文学院 副教授】

炒

解雇为什么又叫『炒鱿鱼』？

chǎo

炒

造字故事 ZAOZIGUSHI

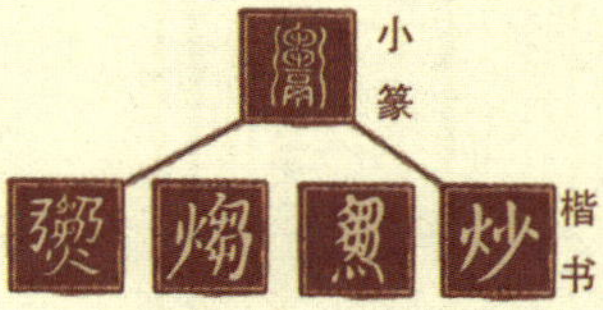

“炒”字在《说文解字》中所收的小篆形体中是个“从鬲（lì），芻（chú）声”的形声字，表示把粮食放在鬲（lì）中，加热使它变得干燥。许慎说这个字的意思是“熬”，事实上“熬”和“炒”还是略有区别的：

把有汁的食物通过加热使它变干，叫做“熬”。没有汁的食物通过加热使它变干变熟，叫做“炒”。“炒”这个字直到中古才出现。

古人用火来加热去掉粮食中水分的方法有很多。《方言》里收录了熬、煼（chǎo）、煎、㷶（bèi）和巩（gǒng）。这五种方法都可以加热使粮食变干，而可以食用，而且可以保存的时间很长。其中这里的“煼”就是今天的“炒”的异体字，简化字“炒”是个“从火，少声”的形声字。

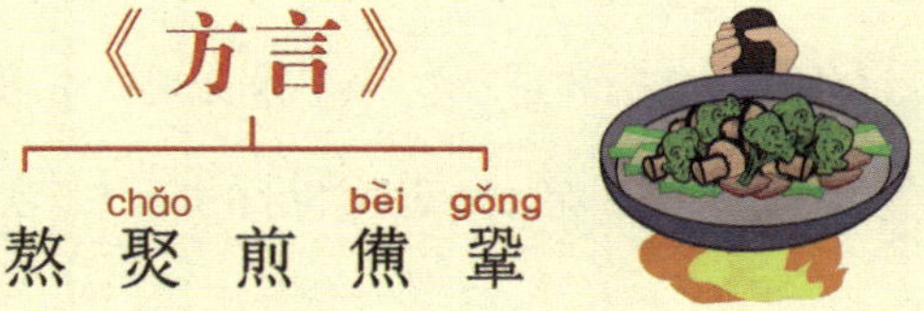

汉代以前，人们在烹煮动物时发现有油脂，并称这些冷却后的动物油脂为膏或脂。汉代以后，人们从胡麻或芝麻当中提取油，但这些油更多是用来照明或者是涂在布上防水，没有用来烹饪食物。魏晋南北朝以后，“炒”的方式才受到百姓的欢迎。

文化故事 WENHUAGUSHI

在所有炒的菜当中，有一道菜是有特殊含义的，那就是“炒鱿鱼”。“炒鱿鱼”有解雇的意思，因为鱿鱼片一炒就会卷起来，让人联想到卷铺盖卷走人，意味着这个人被开除了。

食物在锅里炒的时候，每次来回翻动，食物都比原来的温度要高一些、热一些，所以“炒”又用来比喻转手买卖证券期货等，从中获取利益，比如炒股票、炒外汇等等。有时候为了扩大人或事物的影响，有些人通过媒体反复做扩大宣传，这样的行为被称为“炒作”。

从早期的炙烤，到后来的烹煮，再到后来的煎炒，中国人加工食物的烹饪方法经历了几个不同的阶段，而不同的烹饪方法赋予食物不同的风味，形成了不同的饮食文化。这也是中国烹饪在世界饮食文化中独具特色的重要原因。

南风热

元·王冕

炎风来何狂？似欲吹山倒。
狼藉树底云，散漫屋上草。
赤日炽大炉，泥沙热如炒。
东皋与西陇，禾苗尽枯槁。

赏析：此诗反映元末时期江南普通百姓苦难的生活现实，同时也表达了作者对当时君王昏庸无能的讽刺与抨击。

【主讲人：王洪涌 华中师范大学文学院 副教授】

笔

中国古代的第一支笔到底是谁发明的呢？

bǐ

笔

造字故事 ZAOZIGUSHI

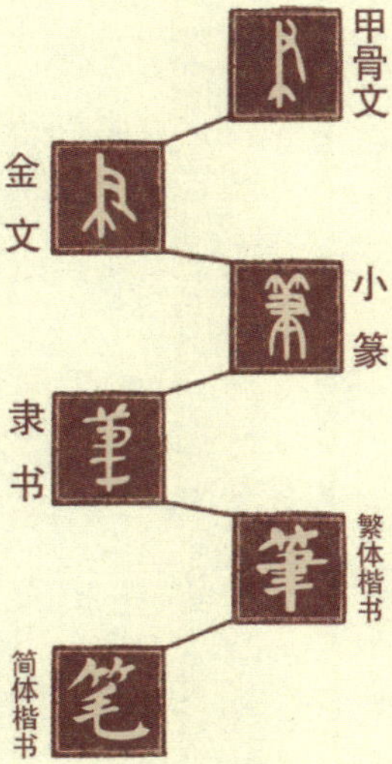

“聿（yù）”是“笔”本字。在甲骨文中，“聿”字的上面是一只手的象形，手中握着笔杆，而且还可以明显看出笔端下方分叉的笔头。“聿”字的金文字形承续甲骨文字形。“聿”的小篆字形将上部分表示手持的部分和表示笔杆的部分连写，后来，人们在“聿”字的小篆字形上再加“竹”，表示制作笔的原材料是竹子。汉代隶书中，“筆”字的笔画变得更加横平竖直。

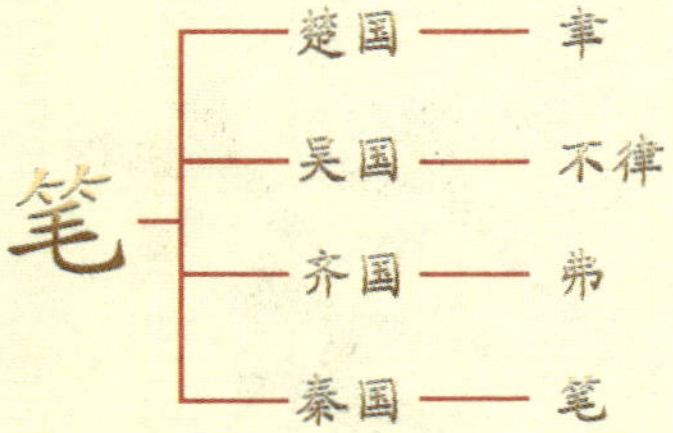

只有秦国人称之为笔

“聿”字下方原本表示笔头的下垂笔画，也变成了两条横笔，再也看不出来它是笔的象征了。楷书中“筆”字形变化不大。又由于笔头往往是毛做的，所以楷书简体又将“筆”下部换成了“毛”，也就成了我们今天通行的“笔”字。

根据许慎《说文解字》记载，东周时期各国对于笔的称呼并不相同，楚国称为“聿”，吴国称为“不律”，齐国称为“弗”，只有秦国称之为“笔”。大概秦国一统天下之后，书同文，车同轨，于是对于笔的称呼便统一为现在见到的“筆”字。在秦朝之前，笔有许多名称，但在汉字里，主要以“聿”来表达，如“筆、書、畫”等汉字里都包含“聿”这一构件。

文化故事 WENHUAGUSHI

从笔字的字形上来看，上面是竹叶的象形，这也表示笔最初与竹子有关。而且从我国考古出土的古代毛笔来看，早期的笔也确实都是用竹子制作笔杆的。传说战国末期的秦国大将蒙恬是发明毛笔的第一人，这是真的吗？

蒙恬造笔

从考古学家发掘的战国早中期的墓葬来看，的确发掘出了许多毛笔的实物。但是在很多新石器时代的彩陶上，也出现过花纹线条，这些线条带有笔锋，很明显应该是用毛笔绘制的。这样看来，毛笔很早就被发明出来了，或许蒙恬曾经改进过毛笔的制作方法，加之秦人统一天下的威势，所以才会被后世制笔行业尊为“行业之神”。

逢入京使

唐·岑参

故园东望路漫漫，双袖龙钟泪不干。
马上相逢无纸笔，凭君传语报平安。

赏析：这首诗写于诗人在西行途中，偶遇前往长安的东行使者，勾起了无限的思乡之情。诗中的“笔”是指古代的书写工具毛笔。

【主讲人：王准 湖北省社科院楚文化所 副研究员】

墨

黑乎乎的土疙瘩原来是块宝

mò

墨

造字故事 ZAOZIGUSHI

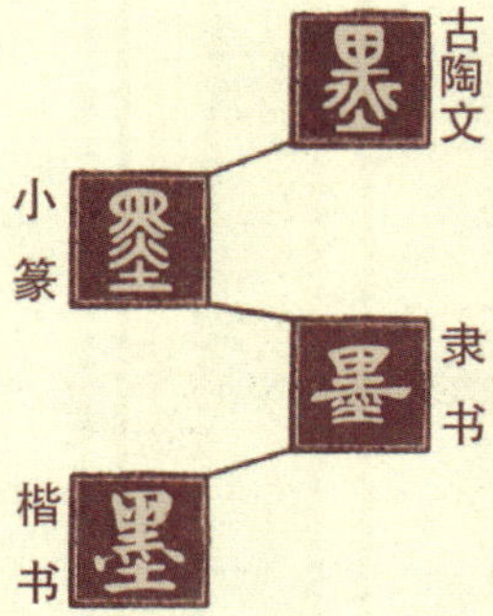

“墨”的本义是用松烟灰制成的黑色颜料。我们在甲骨文中没有找到“墨”字的字形。在古陶文中的“墨”字上部是“黑”，下部是“土”。“墨”的小篆字形承袭古陶文字形。到了汉代隶书“墨”字中间的“炎”字

形逐渐发生演变，变成上半部从“土”，下半部为四点的形状。“墨”的楷书字形承袭隶书字形，笔画更加平顺。

《说文解字》对于“墨”的注解是：“墨，书墨也。从土从黑，黑亦声。”墨字从黑很好理解，因为墨大多都是黑色的。但是在“墨”字的下方为什么会是个“土”呢？这大概是因为，早期墨的原料来源于土里的天然矿物，另外人们逐渐学会用焚烧植物产生的黑色烟粉作为墨，而在人们的朦胧意识中，植物烟灰之类也应该归于土类，所以说墨从土。

文化故事 WENHUAGUSHI

从汉代开始，最早的人工墨大都是以松烟为主要原料，而古法烧烟的流程，其要点就在于通过封闭的烟道，收集松枝燃烧产生的烟炱（tái），由此制作的佳墨，埋在地下两千年，竟然可以完整如新。曹植在《乐府诗》中写道：“笔出狡兔毫，墨出青松烟。”可见在当时，人们都是通过烧制松烟来收集墨的。

松烟制墨

六月二十七日望湖楼醉书

宋·苏轼

黑云翻墨未遮山，白雨跳珠乱入船。
卷地风来忽吹散，望湖楼下水如天。

赏析：这首诗所描写的是夏日西湖上一场来去匆匆的暴雨，诗人巧妙的用笔，让人不禁感叹大自然的神奇变化。诗中的“墨”所指的是天空中突如其来的乌云。

【主讲人：王准 湖北省社科院楚文化所 副研究员】

zhǐ

纸

纸

蔡伦是最早发明造纸术的人吗？

造字故事

ZAOZIGUSHI

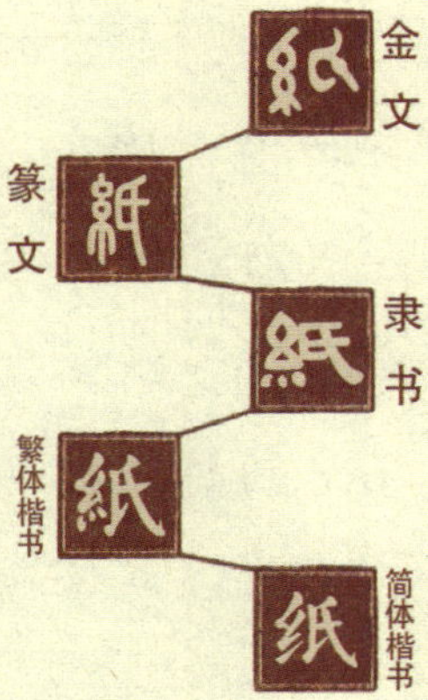

“纸”的本义是丝织物漂洗时沉落在水底的一层，也就是粗绢。金文中的“纸”由两个部分组成，左边是形旁“糸”，右边是声旁“氏”。小篆字形承袭金文字形。“纸”的隶书字形承袭了小篆字形，而将左边“糸”字下半部的“巾”写成三点。“纸”的楷书字形承袭隶书字形，笔画进一步平直。

许慎在《说文解字》里说：“纸，絮一笘（shān）也。”意思是用浅而平的竹筐把漂在水面的细碎丝絮抄起来，积累成一层薄膜，揭下来晾干后就类似纸。所以古人最初说的纸，并不是今天常用的植物纤维纸，而是一种类似缣帛的东西。后来人们把蔡伦用麻等植物纤维制造的类似产品称为“帋（zhǐ）”，这是因为据说蔡伦用的原料是旧麻布等，所以这个字从“巾”，“巾”在古代用于表示布。

文化故事 WENHUAGUSHI

古代先民纸浆造纸术的灵感，来自处理纺织原料的启示。人们将树皮、碎布、麻头、渔网等，经过原料分解与组合，在无数次试验之后，成功造出了纸。纸的发明也让人类文明传播告别沉重的竹简，开始轻装前行。虽然蔡伦造纸的传说流传很广，但我们还无法将他认定为纸的发明人。蔡伦是东汉人，而考古学家从更早的西汉墓葬遗址中多次出土了纸张实物。但是蔡伦利用树皮等木本纤维造纸成功，也是造纸术上的一次创新。所以，蔡伦对造纸术有改进之功，而并非最早发明之人。

汉代造纸工艺示意图

冬夜读书示子聿

宋·陆游

古人学问无遗力，少壮工夫老始成。
纸上得来终觉浅，绝知此事要躬行。

赏析：本诗通过写陆游对儿子子聿的教育，告诉后人做学问要有孜孜不倦、持之以恒的精神。诗中的“纸”指纸张、书本。

【主讲人：王准 湖北省社科院楚文化所 副研究员】

砚

宝墨易得，好砚难觅。

yàn

砚

造字故事

ZAOZIGUSHI

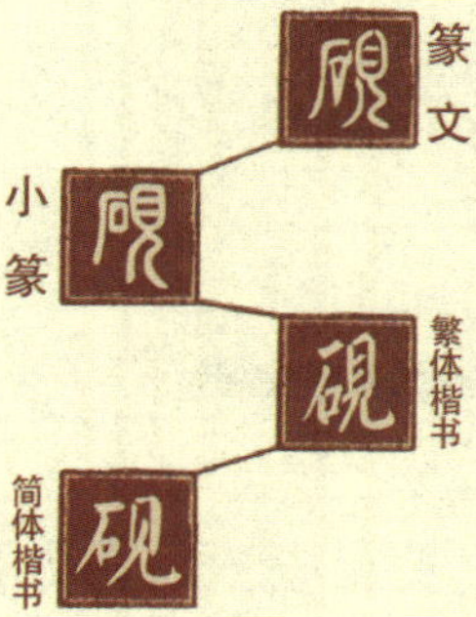

“砚”在古代指的是质地细腻、盛水后还可以映出倒影的黑色石盘。在“砚”的籀文字形中，左边是表示石材的“石”，右边是看见的“见”字。“砚”的小篆字形承袭籀文字形，字形没有太大变化。“砚”的楷书字形

承袭小篆字形，字形进一步线条化。在“砚”的简化字中，右边的“見”简化成“见”，就是我们今天看到的“砚”字。

古人常说：“窗明几净，笔砚精良，人生一乐。”明代陈继儒在《妮古录》中写道：“文人之有砚，犹美人之有镜也，一生之中，最相亲傍。”由此可见，砚是古代文人的至爱挚友，生共进退荣辱，死亦同归黄土。

文化故事 WENHUAGUSHI

在宋代画家李公麟的著名画作《西园雅集图》中，记录了一次当时的“文坛盛宴”——苏东坡、黄庭坚、米芾、蔡襄、秦观等文坛名士在驸马都尉府中做客的场景。在这聚会上，苏东坡手边摆满了堪称世间极品的文房用具与友人分享，如澄心堂纸、鼠须笔、李廷珪墨，紫金砚。虽然此时他深受贬谪、流离之苦，但是对笔、墨、纸、砚的钟爱之情却丝毫不减。这也反映了书写工具登堂入室，成了文房之宝，在古人雅致的生活中充当了重要的角色。

西园雅集图

墨梅

元 · 王冕

吾家洗砚池头树，朵朵花开淡墨痕。
不要人夸好颜色，只留清气满乾坤。

赏析：这首诗不仅反映了作者所画的梅花美不胜收的风格，也反映了作者的高洁情操和淡泊名利。诗中的“洗砚池”是文人家中涮洗笔墨的水池。

【主讲人：王准 湖北省社科院楚文化所 副研究员】

简

最早的竹简究竟有何作用？

jiǎn

简

造字故事 ZAOZIGUSHI

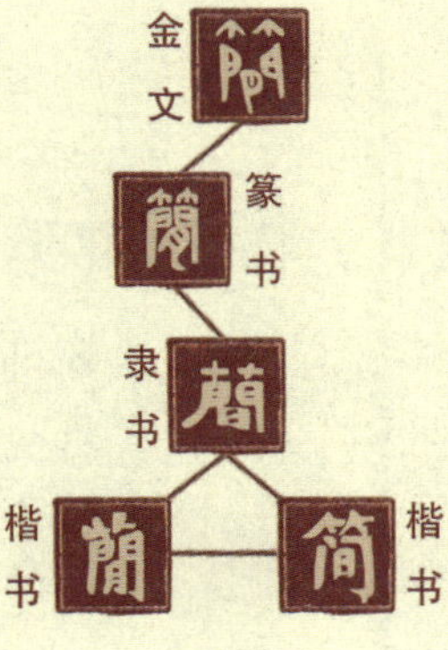

“简”在古代是用于书写文字的竹片。金文中的“簡”上面是“竹”，下面是“間”。“简”的小篆字形承袭金文字形。“简”的隶书字形线条进一步平直。“简”的楷书字形没有太大变化。在“简”的简化字中，下方的“門”简写成“门”，就是我们今天看到的“简”。

《尚书》记载说商朝的先祖“有册有典”，这个“册”字就透露了很多信息。甲骨文的“册”字，不像是甲骨或者青铜器，而是像很多支简编联成册的样子。东周时期竹简被普遍运用，竹简制作、编联工艺也并不复杂，由此来看，虽然较早的商代与西周的竹简目前还没有实物出土，但不排除当时已经有简存在。

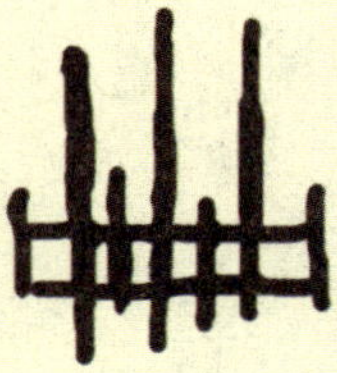

册 甲骨文

文化故事 WENHUAGUSHI

《史记·孔子世家》记载，孔子非常喜欢读《周易》，以致“韦编三绝”。“韦编三绝”的具体情形，有两种解释。一种是，简册的编绳有三道，第一道断开了，甚至第二道编绳断开了，孔子都顾不上处理，直到第三道编绳断开，简册彻底散架了。另外一种解释是，编绳全部断开了，用新

的编绳重新编联，又断开了再重新编联，如是再三。孔夫子读《周易》如此用功，所以“韦编三绝”后来用于形容一个人读书十分勤奋。

柯敬仲墨竹

明·李东阳

莫将画竹论难易，刚道繁难简更难。
君看萧萧只数叶，满堂风雨不胜寒。

赏析：诗人通过观赏一幅墨竹图而引发了一番感慨，从而表达了诗人对文人画尚意崇简的美学情趣的认识。诗中的“简”所指的是“简洁、简单”的含义。

【主讲人：王准 湖北省社科院楚文化所 副研究员】

牍

『牍』原来是古代的一块『手写板』。

dú

牍

造字故事

ZAOZIGUSHI

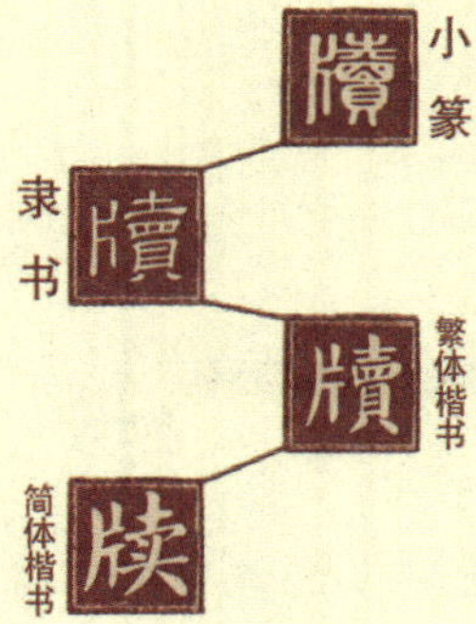

“牍”在古代是人们用于书写的木板。“牍”字的小篆字形，左边是“片”，右边是“賣”。汉代隶书中的“牍”字，笔画变得更加规整。“牍”的楷书字形笔画进一步平直。在简体字中，“牘”字右边的“賣”简化成

“卖”，就是我们今天看到的“牍”。

片 甲骨文

木 甲骨文

“牍”字左边的“片”是它的形符，“片”在甲骨文中的样子就像是“木”字的右半的形状，表示把木头分成两半的意思。所以从“片”的字，都与把木头分开有关系。所以“牍”也一样，本义是书写用的木板，长不超过半米，宽也大多只有几厘米，显然也是经过切削的。它是古人经常使用的书写材料。

文化故事 WENHUAGUSHI

我国四川青川出土的战国秦木牍，长约 46 厘米，宽 2-3 厘米，厚 0.5 厘米左右。秦汉时期的户籍登录，内容包括家庭中有多少人口、年龄、爵位、奴隶数量、财产等信息，都要详实登记下来，是征收赋税、征发徭役的基础。户籍信息分栏登记，一支简无法写完。假如用几支简来写，很难保证后期不会有人抽取、替换几支简而伪造信息。而如果用一件牍全部写完，就很难篡改记录了，所以户籍文书多用牍书写。

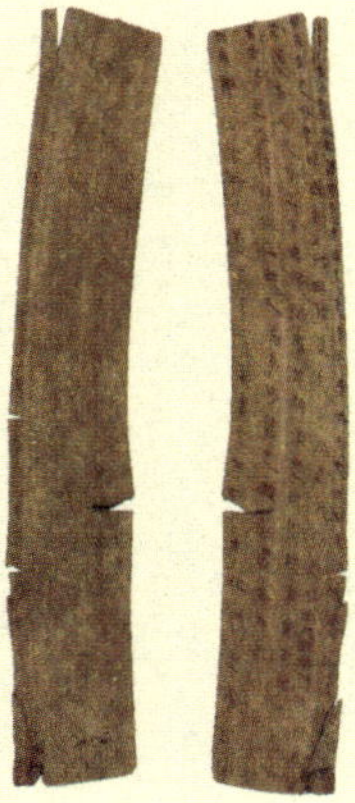

战国秦木牍

宿湖中

唐·白居易

水天向晚碧沉沉，树影霞光重叠深。
浸月冷波千顷练，苞霜新橘万株金。
幸无案牍何妨醉，纵有笙歌不废吟。
十只画船何处宿？洞庭山脚太湖心。

赏析：此诗描写了诗人难得闲暇在湖中赏夜色的情景，表达诗人沉浸夜色的悠然自得之感。诗中的“案牍”指的是官府的文书。

【主讲人：王准 湖北省社科院楚文化所 副研究员】

shū

书

书

最早的『书』字里竟然有手的形象！

造字故事

ZAOZIGUSHI

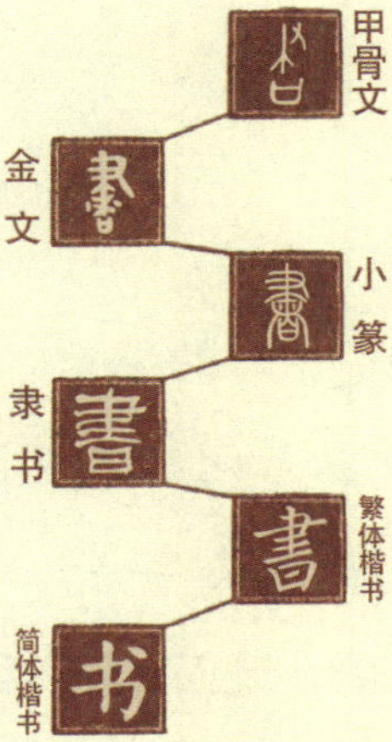

甲骨文的“书”是一个会意字，它的左上角是一支毛笔，右上角是一只手，表示用手拿着笔写字；下面的口字形，有的学者认为表示的是书写内容，还有一些学者认为是墨池或者砚台，表示拿着笔蘸墨水来写字。

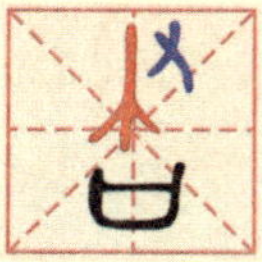

书 甲骨文

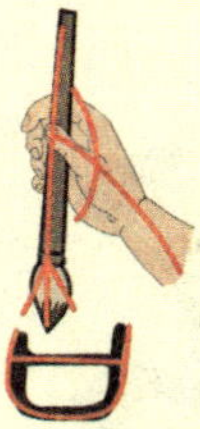

金文中“书”字的字形更加复杂。表示手和笔的部件以及下面的口字形都还在，不过在笔尖处多了几个点，这应该是表示墨滴的。小篆的“书”字形更加线条化和规整化，并且下面的口字形发生了讹变，里面多了一横。

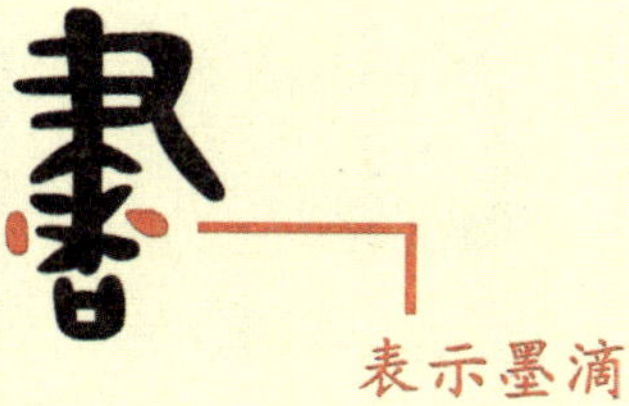

书 金文

文化故事 WENHUAGUSHI

“书”在造字的时候是书写的意思，后来由这个本义继续引申出名词的意义，表示书写而成的东西，也就是文字。《周易·系辞》里面说：“上古结绳而治，后世圣人易之以书契。”意思是说上古时代用结绳记事来处理社会事务。只是到

了后代，圣人才把记事的形式改成了文书与契约。用笔书写、用刀契刻，正是早期文字的呈现两种基本形式。文字不断积累和组织，就有了篇章，也就有了书籍。在《论语》中，子路说：“有民人焉，有社稷焉，何必读书，然后为学？”这段话的意思是那个地方有老百姓，有社稷，治理百姓和祭祀神灵都是学习，难道一定要读书才算学习吗？这应该是“读书”一词最早的来源。

劝学

唐·颜真卿

三更灯火五更鸡，
正是男儿读书时。
黑发不知勤学早，
白首方悔读书迟。

赏析：此诗劝勉青少年要珍惜青春年华，勤奋学习，有所作为，否则到老一事无成，后悔已晚。

【主讲人：李健 甲骨文专家】

画

huà

画

『画』的古文字字形里竟然有手拿笔的形象！

造字故事 ZAOZIGUSHI

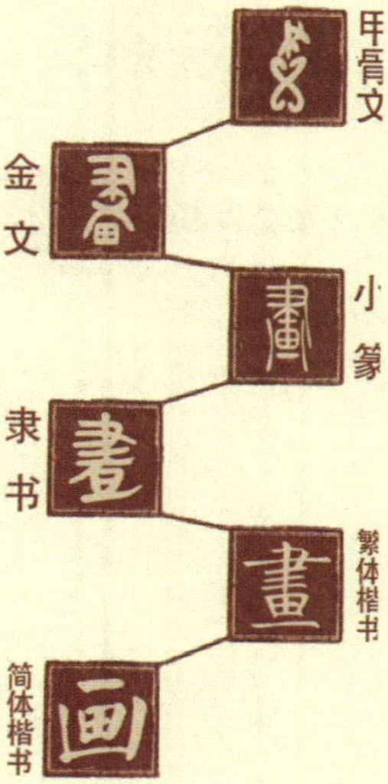

在甲骨文中，“画”是一个会意字，字形的右上角是一只手，左上角是一支笔，下面的两条曲线呈半闭合状态。有的学者认为，上下字形会意，表示用手拿笔，画出自己想画的图形，还有的学者认为，字形的下半部分是一

个分界符号，表示执笔绘图，显示地界。

画 甲骨文

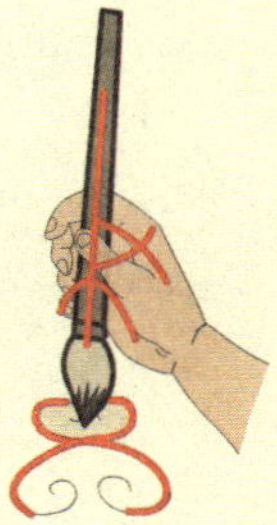

金文的“画”字有了变化，上面的字形依然是用手拿着笔，下面表示图画的字形则变成了两条交叉的曲线以及一个田字形。而这个田字形在古文中有田地的含义，因此有的学者认为这是表示在图纸上用毛笔为某一地域画上地界。小篆的“画”把原本交叉的曲线分列到了田字形的左右两边，田字形上面和下面还各添加了一横，看起来就像是给田的四周加上边界，而且整个字显得更加对称了。

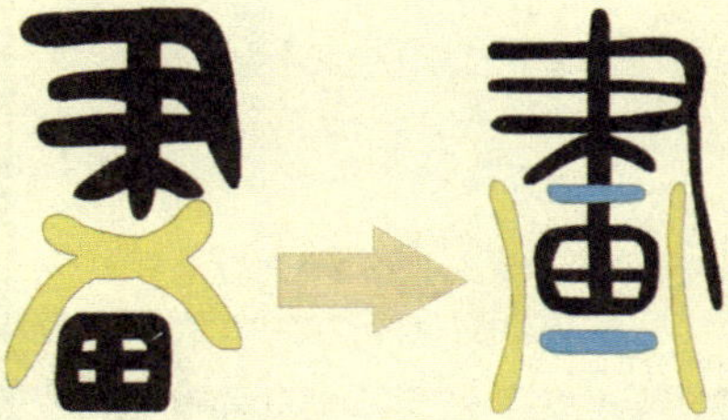

画 金文　　画 小篆

文化故事
WENHUA GUSHI

画的本义是绘画或者描画，是动词，后来逐渐引申为名词，表示用笔或其他物品画出来的图形，比如年画、油画、中国画。

中国的绘画早于文字出现，从距今七千年左右的仰韶文化，到距今六千多年前的河姆渡文化、良渚文化、大汶口文化出土的古代器具上，都能清楚地看到一些画图图案。由此可见，中国的绘画真的是历史悠久。

从军行

唐·杨炯

烽火照西京，心中自不平。
牙璋辞凤阙，铁骑绕龙城。
雪暗凋旗画，风多杂鼓声。
宁为百夫长，胜作一书生。

赏析：此诗写士子从戎、征战边疆的过程和心理，从而表达了天下兴亡匹夫有责的使命感和建功立业的豪迈情怀。

【主讲人：李健 甲骨文专家】

册

『杀青』最开始是什么意思？

cè

册

造字故事

ZAOZIGUSHI

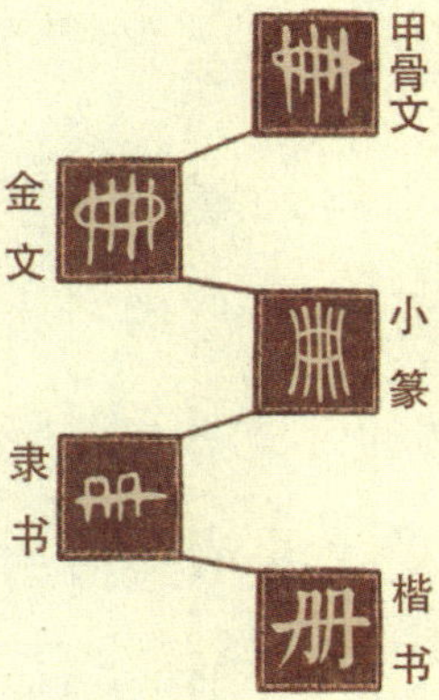

甲骨文的“册”是一个象形字，中间的椭圆形表示的是编串竹简或者木简的绳索和皮条，上下贯穿的五条线就像刻有文字的竹简或者木简，“册”字的本义是古代编串在一起的用来书写的竹简或者木简。

金文和小篆的“册”字基本承续了甲骨文字形，楷书的“册”字有所变化，中间表示串联意义的椭圆形变成了一横，但还是可以看出串联的意思。

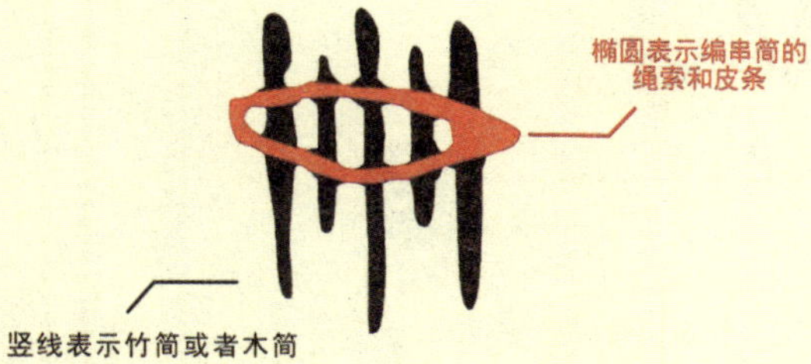

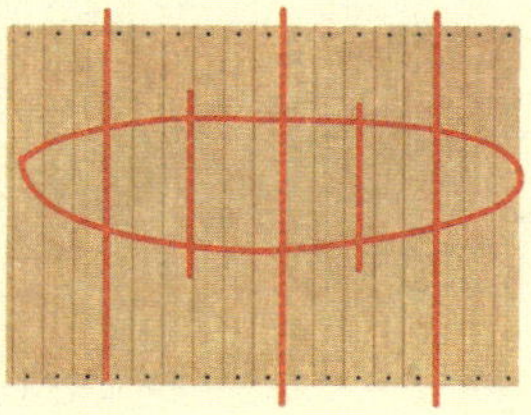

文化故事
WENHUAGUSHI

简册是中国古代用于书写的材料，多用竹片或者木片制成，简是狭长形的竹木片，若干的简编连起来就成为了册。在植物纤维纸张发明以前，简册是主要的书写材料。简册出现在三千多年前的商朝。到了周、秦、汉时期，各个朝代都是简、帛并用的，以简册为主。《尚书·多士》里面说：

“惟殷先人，有册有典。”意思是说殷商的先人有记载历史的文献典册。可见早在殷商之际，先民便已广泛使用竹简或者木简，并编联成了册。

竹简的制作不容易，先要把竹子截成一定长度的圆筒，再由固定宽度剖开，然后剥去竹子外表的青皮，用火烘干，称为“杀青”，此后才能使用。根据郑玄的记载，古代竹简有二尺四寸、一尺二寸和八寸之别，“六经”写在二尺四寸的竹简上，《孝经》写在一尺二寸的竹简上，《论语》写在八寸的竹简上。这种制度，在出土的汉代竹简上确有体现。

金错刀行（节选）

宋·陆游

黄金错刀白玉装，夜穿窗扉出光芒。
丈夫五十功未立，提刀独立顾八荒。
京华结交尽奇士，意气相期共生死。
千年史册耻无名，一片丹心报天子。

赏析：这是南宋著名的爱国诗人陆游的诗作。全诗咏物言志，借赞美金错刀寓抗金报国之志。

【主讲人：李健 甲骨文专家】

典

用手恭恭敬敬地捧着书。

diǎn

典

造字故事
ZAOZIGUSHI

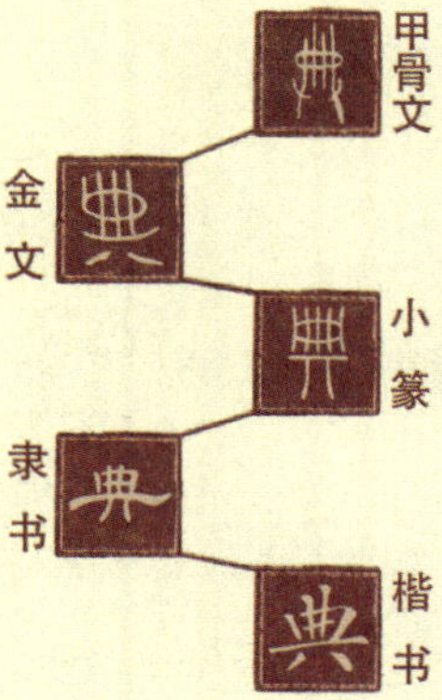

甲骨文的“典”是个会意字，它上面描绘的是用牛皮条或者绳子将刻有文字的竹片、木片串联起来，成为一册书，下面是一双手，表示用手恭恭敬敬地捧着书册，这样的书册就称为“典”。这是典的基本义项，一直保留

到现在，如典册、典籍、经典等词中的“典”，用的都是这个意思。

典 甲骨文

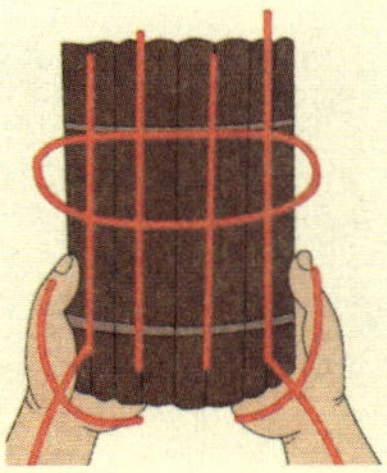

金文的“典”发生了讹变，把下面的两只手连在了一起，变得和表示案桌的“丌”（jī）相似。小篆的“典”基本承袭了金文的字形，所以许慎在《说文解字》中说：“典，五帝之书也。从册在丌上，尊阁之也。”字形采用“册、丌”会意，表示将书册放在特定的书台上，尊敬地搁置起来。可见，典这个字寄托了古人对经典的尊重之心，因此，我们一般用典来表示那些重要的、足以垂范后世的书籍，如经典、字典、法典、《永乐大典》等等。

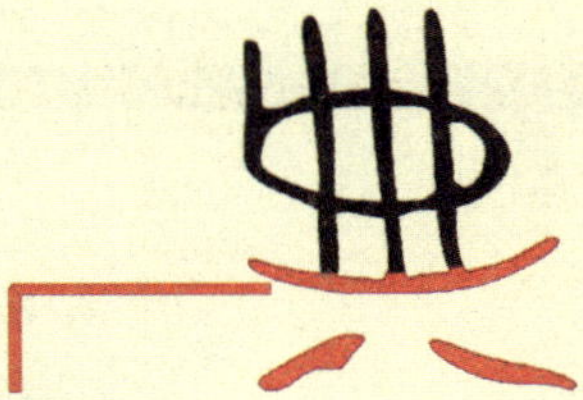

典 金文

文化故事
WENHUAGUSHI

在我国古代，举行隆重的仪式都要依据前代的经典或者治国的典籍，要遵守这些典籍里面记载的礼仪规范，这样仪式才会显得隆重、正式，因此就有了“典礼”一词。典礼指的就是隆重地举行的仪式，比如“开国大典”里面的“典”字就是典礼的意思。

思母

宋·与恭

霜殒芦花泪湿衣，
白头无复倚柴扉。
去年五月黄梅雨，
曾典袈裟籴米归。

赏析：诗人出家之后不久，父亲过世，只留下老母亲贫苦独守。虽然诗人自己过的也是清贫淡泊的生活，仍时时接济老母亲。现在母亲也走了，留下的只是满腔怀念。

【主讲人：李健 甲骨文专家】